I0502625

Cette édition constitue la
troisième édition
revue et augmentée.
Avril 2019

Copyright © 2015-2016, by Benoit Landais

Tous droits réservés pour tous pays.

All rights reserved. No part of this publication may be reproduced or transmitted in any form or by any means, electronic or mechanical, including photocopy, recording, or any information storage and retrieval system, without permission in writing from the author

Quand tout bascule

Benoit Landais

Du même auteur, sur la vie et l'œuvre de Vincent :

L'affaire Gachet, l'audace des bandits
Editions du Layeur, Paris, 1999 / CreateSpace, 2015

Vincent avant Van Gogh, l'affaire Marijnissen
Les Impressions Nouvelles, Bruxelles, 2003

Van Gogh : Original oder Fälschung ?- Der Streit um die Sammlung Marijnissen
Rogner und Bernhard Verlag, Hamburg, 2004

La folie Gachet – Des Van Gogh d'outre-tombe,

Les Impressions Nouvelles, Paris, 2009

Quatre faux Van Gogh d'Arles parlent, CreateSpace, France, 2014

Et Vincent s'est tu, CreateSpace, France, 2014

La fabuleuse histoire du Jardin à Auvers, CreateSpace, France, 2014

Un Van Gogh aux orties, CreateSpace, France, 2014-2019

Vincent et les mystagogues, CreateSpace, France, 2015

Toute ressemblance serait fortuite, CreateSpace, France, 2016-2018

Le petit chat est mort, CreateSpace, France, 2016-2018

Faux Van Gogh, prétendus experts, Amazon 2019

A paraître

La main du diable, 2019

Vincent et les femmes 2019

La mort de Vincent 2019

En collaboration avec Hanspeter Born :

– *Die verschwundene Katze,* Echtzeit Verlag, Bâle, 2009
– *Schuffenecker's Sunflowers & Other van Gogh Forgeries* Amazon & KDP, 2014

Table des matières

Quand tout bascule

Introduction

On ne le dira pas assez, le temps a un sens. Sans au moins maîtriser la chronologie, toute menée biographique est une impasse. Deux éléments biographiques, autrement décisifs pour comprendre ce que fut la vie de Vincent que de savoir s'il a eu un grand-frère mort-né, s'ils étaient tous plus ou moins dérangés dans la famille, ont fait l'objet de centaines, de milliers d'essais sans qu'il soit porté l'attention indispensable permettant de déterminer quelle fut la succession d'événements ayant précédé automutilation et suicide.

Le premier pas, pour espérer parvenir à cerner le contexte, est le classement des documents dont nous disposons. Ecrits précieux entre tous, les lettres de Vincent. Sa lettre qui précède d'une douzaine d'heures l'oreille coupée est aujourd'hui classée une douzaine de jours auparavant. La lettre dans laquelle tout se noue avant la balle fatale est écartée du corpus, reléguée dans une catégorie bâtarde par les éditeurs de nouvelle *Correspondance* parue en 2009. Sa date, avancée de près de cinquante jours, rend son contenu incompréhensible. Elle transforme Vincent en un personnage inconséquent et irrationnel qu'il n'était assurément pas.

La prétention du musée Van Gogh à régenter tout ce qui se dit sur Vincent («Van Gogh» dans l'esprit de ses penseurs, au mépris des exigences de l'intéressé), à figer une lecture et à l'imposer, a conduit à des erreurs d'appréciation et des incompréhensions. Les commentateurs qui ont fondé leurs conclusions sur des dates présentées comme garanties, mais erronées ont été abusés. Nul doute que, sans la mise à l'écart de la lettre écrite à quinze jours de la mort, une biographie, aussi suffisante qu'inepte et relayée, n'aurait pas remis le suicide en cause.

Ces pages s'efforcent d'épuiser l'argumentaire autour de la datation des deux lettres-clefs et d'expliquer comment on est arrivé à les déplacer alors qu'elles étaient toutes deux correctement placées avant que de nouvelles lectures ne soient imposées.

Datation :
«Cent fois sur le métier...»
Le mystère de la «RM20»

Un immense artiste, qui va renoncer et se tuer, s'y présente comme définitivement *raté*, quand dresse-t-il cet alarmant constat?

L'exégèse serrée étant seule susceptible de mettre sur la voie et de conduire à un consensus, il s'agit de ce fondement. La présentation place en regard du texte la copie diplomatique, avec la numérotation des lignes, établie par les chercheurs du Musée van Gogh pour la monumentale édition de la *Correspondance* en 2009.[1]

Deux possibilités, seulement pour la lettre «RM20», numéro «648» de l'ancienne nomenclature. Soit une lettre envoyée aux alentours du 10 juillet 1890, soit: «Brouillon non-envoyé, écrit par Vincent le samedi 24 mai 1890», statut aujourd'hui généralement admis.

Jan Hulsker est le premier à avoir proposé le déplacement à la fin mai. Johanna Van Gogh, la veuve de Theo, qui n'avait assurément pu oublier le fatidique mois de juillet 1890, l'avait d'abord rangée, dans son classement de la *Correspondance*, sans lui affecter de date précise, peu après la dernière visite que rend Vincent à la famille de Theo, le dimanche 6 juillet, à Paris.

Il faut insister sur la façon dont le choix s'est finalement arrêté sur la date du 24 mai. Hulsker avait d'abord opté pour le 23 mai. Nos échanges argumentés l'ont conduit à renoncer, pour diverses raisons, dont les *quatre toiles peintes* qui

1. On trouvera à cette adresse le *fac-simile* de la lettre, sa traduction anglaise et l'appareil de notes: http://vangoghletters.org/vg/letters/RM20/letter.html

font une production trop importante pour les trois premiers jours en *terra icognita* à Auvers. Il a ensuite décalé d'un jour pour le 24 mai. Devant l'évidence que Theo en ignore manifestement le contenu quand il répond, le 2 juin, à une unique lettre de Vincent: «Sans cela je t'aurais déjà répondu à *ta* dernière lettre…»,[876] celle du 25 mai,[875] Hulsker a déduit que Vincent n'avait pas envoyé cette lettre. Ce choix par défaut ravaudait une option hasardée.

Leur paraissant convaincante, la date du «23 mai», évidemment irrecevable, avait été adoptée par Ronald Pickvance et Alain Mothe, les deux autres chercheurs à s'être attachés, dans les années 1980-90, à une datation avertie de la correspondance auversoise.[2] J'ignore quelle date retient aujourd'hui Ronald Pickvance, mais Alain Mothe a admis que le placement en mai n'est finalement pas tenable.

Complète, avec adresse et signature *Vincent*, la lettre est cohérente, aboutie, et régulière ce qui suggère *a priori* un envoi. On note en outre, sur le quatrième feuillet, le transfert des parties grasses des quatre dernières lignes. Le pliage prématuré prouve que Vincent était pressé (très probablement pour ne pas manquer la levée). Du fait de l'écriture partout identique, la vitesse de séchage qui s'en déduit nous instruit d'une rédaction extrêmement rapide. Ce courrier est le seul, nanti de toutes les qualités d'une lettre, à avoir été relégué dans la rubrique des *Related Manuscrips* (option qui ne devrait valoir que pour les documents qu'il est impossible d'arranger chronologiquement). Nous verrons qu'une autre lettre[RM24] – également complète, mais simplement signée *V* – a également été reléguée, alors qu'elle doit figurer de plein droit parmi les lettres.

Les commentaires s'attacheront à éviter d'autres aspects que ceux qui visent strictement la datation. Compte tenu de nombreuses données périphériques et du caractère fatalement incertain de certaines déductions, les digressions sont cependant inévitables. Nous en appelons à l'indulgence du lecteur pour les insuffisances et confusions.

Le lecteur qui aimerait parcourir la lettre sans commentaires, telle que publiée par le musée van Gogh dans la dernière édition de la *Correspondance*,[3] en trouvera ici le texte complet aux pages 37 et suivantes.

---

2. Ronald Pickvance, *Van Gogh in Saint-Rémy and Auvers* Met publication, 1986. p. 292. Alain Mothe, not. ses commentaires in Paul Gachet *Les 70 jours de van Gogh à Auvers,* Valhermeil, 1990.
3. http://vangoghletters.org/vg/letters/RM20/letter.html

• Ces jours-ci…

1 • *Mon cher Theo & chère Jo.*
* • *de ces premiers jours ci*
  certes j'aurais
2 • *dans des conditions*
  ordinaires espéré un petit
  *mot de vous déjà_*

« *De ces premiers jours-ci* » – qui équivaut au néerlandais *deze dagen* – pourrait abriter, pour les destinataires, à cause du « *ci* », un renvoi à d'autres *premiers jours* : ces premiers jours-*là*, qui, antérieurs, seraient alors les premiers passés à Auvers.

Hulsker l'a lu comme « *deze eerste dagen na mijn aankomst hier* », depuis ma venue ici. C'est aller au-delà des mots. Il est préférable de s'en tenir à « *ces premiers jours-ci* » (le « *de* » est superflu), les jours dont je parle, bornant une période particulière liée à sa présence à Auvers, soit qu'il s'agisse de celle suivant immédiatement l'arrivée le 20 mai, soit, si une nouvelle donne le justifie, des premiers jours après le retour à Auvers après « *les heures un peu difficiles & laborieuses pour nous tous que j'ai partagées avec vous* »[898], le 6 juillet à Paris. Et, justement, les mots de Vincent précisent que les conditions sont particulières : « *j'aurais, dans des conditions ordinaires…* ».

Une contrainte de logique s'impose. Une caractéristique liée à une période, doit valoir sur toute la durée du laps de temps. Vincent aurait ainsi espéré un petit mot *un mot de vous déjà,* du début et la fin de la période définie par *ces jours-ci*. Et cela semble confirmé par le *certes* qui souligne. Or, nous savons, et Vincent le savait, il ne peut espérer de mot de Theo et de Johanna avant le 23 mai, ils ne pouvaient lui écrire au début du séjour à Auvers, faute de connaître son adresse.

Une première lettre d'Auvers, selon toute probabilité écrite le 20 mai, jour de son arrivée, est suivie d'une seconde, écrite au plus tôt le lendemain, mercredi 21 mai, entre temps, il a peint « *Une étude que je crois que tu aimeras* »[874]. Il serait tentant d'ajouter un jour, car Vincent y note « *je souffre un peu de ces jours-ci* »,[874] (même si les jours lui apparaissent *des semaines,* pour ne préciser que plus loin que cette indisposition l'affectait aussi à Paris). Trois jours semblent un « bon » délai, mais c'est aussi le maximum, car Vincent y écrit aussi : « *Si vers la fin de la semaine tu pouvais m'envoyer de l'argent, ce que j'ai me tiendra jusqu'alors mais je n'en ai pas pour plus longtemps.* »[874] Le plus tard que l'on puisse réclamer un envoi *vers la fin de la semaine* suppose d'écrire un jeudi un courrier qui sera lu le lendemain.

Vincent commence cette seconde lettre d'Auvers, du 21 mai (ou du 22) en disant « *dans l'autre lettre j'ai d'abord oublié de te donner l'adresse d'ici qui est provisoirement*: Place d. l. mairie, chez Ravoux. »[874] Theo et Johanna ne pouvaient donc écrire à Vincent, au plus tôt, que le lendemain 22 mai (ou 23) et Vincent ne pouvait attendre de réponse qu'à partir du 23 (ou 24). Il est donc certain, circonstances particulières ou non, qu'il n'a pas *espéré* de mot d'eux avant le 23 mai (ou, au plus tard, avant le 24 mai).

Sauf triche ou mensonge – cela est à écarter du fait de ce que nous savons de la personnalité de Vincent – quelqu'un qui n'a pas attendu de mot durant une période donnée ne dit pas qu'il s'est attendu à en recevoir un durant cette période. Cela rend la date du 24 mai définitivement irrecevable, dès que nous savons, avec certitude, que Vincent n'a pu attendre de mot au début de son séjour. Confirmation s'il en était besoin, Vincent a écrit le 21 (ou le 22) qu'il n'attendait pas de mot de son frère en lui demandant de lui envoyer de l'argent *vers la fin de la semaine*.[874] Cela nous donne une réception escomptée dimanche 25 ou lundi 26 mai. Vincent n'a donc pas attendu de mot entre le 20 et le 25 mai, il n'a donc pas écrit cette lettre en mai. Et, de fait, le 25 mai, Vincent commence ainsi sa lettre : « *merci de ta lettre que j'ai reçue ce matin et des cinquante francs qui s'y trouvaient.* »[875] Sans bien sûr dire qu'il aurait attendu quoi que ce soit d'autre.

Si, au contraire, nous envisageons une lettre écrite trois jours et demi après la journée difficile du 6 juillet, seule autre visite à Paris, se combinant à *ces premiers jours-ci,* nous arrivons au 10 juillet à midi.

• *Faits accomplis*

3 • *Mais considérant les chôses comme des faits accomplis – ma foi –*

Les *faits accomplis* sont ceux devant lesquels on doit s'incliner sans avoir eu voix au chapitre. Aucun *fait accompli* réel ou supposé n'est connu lors des trois jours que Vincent passe à Paris entre Saint-Rémy et Auvers.

Il comptait ne rester *que, mettons, 2 ou 3 jours*[868] chez Theo et Johanna et il est resté trois jours pleins. Les deux frères se sont peu vus, mais Theo écrit à leur sœur Wil, le 2 juin 1890, qu'il n'y eut pas alors d'anicroches : « Oh Wil, tu aurais été aussi contente que nous l'avons été de voir à nouveau Vincent comme il est maintenant. Il n'a jamais paru en aussi bonne santé et parle aussi de façon tout à fait naturelle.» Le ton et le contenu des deux premières lettres d'Auvers vont dans le même sens. Tout va bien alors.

Le 6 juillet, en revanche, un incident a privé Vincent de faire valoir son point de vue. Nous en trouvons la trace dans la lettre RM24 écrite le jour même (voir *infra*). *Faits accomplis* est une déclinaison de : «*Vous me surprenez un peu, semblant vouloir forcer la situation étant en désaccord.*»$_{RM24}$ du mot du 6 juillet. Le reflet du «*– ma foi –*», qui témoigne d'une résignation devant *les faits accomplis* se retrouve également dans le même mot du 6 juillet: «*Y puis je quoi que ce soit – peut-être pas –*»$_{RM24}$ Les propos strictement équivalents renvoient à la même situation.

Est également à classer parmi les *faits accomplis* «l'ultimatum» de Theo. Avant de mettre sa démission dans la balance pour obtenir une augmentation, sa lettre du 30 juin, avertit Vincent :

> «Dois je quand je ne calcule pas, sans faire des extras & suis à court, leur dire ce qui en est & s'ils osaient refuser, enfin leur dire, Messieurs je risque le paquet & je vais me mettre marchand en chambre? Je crois que j'arrive en t'écrivant à cette conclusion que c'est mon devoir»

Le *post-scriptum* ajouté le lendemain précise :

> «Ce matin je me suis réveillé avec les mêmes idées. C'est décidé d'une façon inébranlable…»

La décision ne semble concerner qu'une partie du plan «… en sortant pour commencer je vais louer l'appartement en question.»$_{894}$ Vincent qui a pu n'y voir que le fantôme du serpent de mer du départ de chez Goupil – quitter les employeurs pour s'établir marchand en chambre, si souvent évoqué – a répondu, visiblement sans trop prendre l'affaire au sérieux :

> «*Que veux tu que je dise quant à l'avenir peut-être peut-être sans les Boussod. – Ce sera comme ce sera, tu ne t'es pas épargné du mal pour eux, tu leur as servi avec une fidélité exemplaire tout le temps.*»$_{896}$

Quoi qu'il en soit, Theo a mis ses employeurs au pied du mur, avant le 6 juillet, sa lettre du 14 nous l'apprend : «Quoique les huit jours soient écoulés ces messieurs n'ont rien dit à l'égard de ce qu'ils pensent faire avec moi.»$_{900}$ Les mots: «*faire avec moi*» disent bien qu'il s'agissait d'une mise en demeure, bien au-delà, d'une simple demande d'augmentation.

Les éditeurs de la *Correspondance* datent de la mise du marché en mains «vers le 8 juillet».$_{900\#4}$ Nous n'avons aucun élément propre à fonder cette étrange supposition et il faut s'en tenir à : « *huit jours écoulés* » le 14 juillet. Ce jour de fête nationale étant férié, Theo n'a pas pu espérer de réponse le 14, non plus que la veille, dimanche 13. La dernière occasion qu'avaient « *ces c…de B[oussod] & V[aladon]* » de donner leur réponse à leur employé modèle était le samedi 12 juillet. Cela met le dépôt ultimatum au vendredi 4 juillet au plus tard.

Les « affaires en suspens… »$_{900}$ que Theo évoque dans sa lettre du 14 juillet «…quand tu étais içi.» étaient, *sticto sensu*, celles-là. Prenant rétrospectivement conscience de la portée des mots que Theo lui écrivait fin juin : « Jo ou toi ou moi nous nous serrons un peu le ventre »$_{894}$, Vincent avait de bonnes raisons d'être inquiet.

L'envahissant grand frère, abusant de la prééminence que lui conféraient ses quatre années d'aînesse, « guide » et « conseiller » depuis si longtemps, avait les moyens de mesurer que désormais l'avenir, chez les Boussod ou plus globalement, se décidait entre Theo et son épouse, lui étant simplement averti, mis devant *le fait accompli*. Une digression est indispensable pour comprendre le 6 juillet 1890 et le mot écrit ce jour-là.

• *La date et le statut de «RM 24»*

Reprenant la proposition de Hulsker (que Pickvance avait d'abord adoptée, avant de repousser au 15 juillet faute d'avoir saisi son statut), la dernière édition de la *Correspondance* classe à tort le « *related manuscript* autographe » RM24 parmi les courriers avortés. Le mot n'a pas été posté, mais il a bien été lu par Johanna et Theo… le jour même.[4]

> Cher frère & soeur,
>
> Mon impression est qu'étant un peu ahuris tous et d'ailleurs tous un peu en travail, il importe relativement peu d'insister pour avoir des définitions bien nettes de la position dans laquelle on se trouve.
>
> Vous me surprenez un peu, semblant vouloir forcer la situation étant en desaccord. Y puis je quoi que ce soit – peutetre pas – mais ai je fait quelque chôse de travers ou enfin puis je faire chôse ou autre que vous désireriez.Quoi qu'il en soit, en pensée encore une bonne poignée de main – et cela m'a quand même fait beaucoup de plaisir de vous revoir tous.
>
> Soyez en bien assurés.
>
> b. à v.

---

4. *Fac simile* pp. 34-35

Ce mot n'a pas été écrit à Auvers le 7 juillet, mais abandonné le 6 juillet chez eux, ce qui explique le papier différent utilisé – inconnu chez Vincent, mais semblable à celui d'une lettre de Gauguin[586] – et l'inhabituelle signature «V.», comme l'a remarqué Robert Harrison auteur de la première mise en ligne de la *Correspondance* en langue anglaise.

Vincent a quitté l'appartement alors qu'il y était seul. Nous le savons car il ne livre que plus tard les raisons de son départ (ce qui montre qu'il n'a pas dit sur l'instant pourquoi il partait) : «*Je regrette beaucoup de ne pas avoir revu Guillaumin mais cela me fait plaisir qu'il aie vu mes toiles. Si je l'avais attendu j'aurais probablement resté à causer avec lui de façon à perdre mon train*» (une lettre de Johanna lui aura entre temps dit que Guillaumin a vu ses oeuvres). Malgré son âpreté, RM24 se termine par des mots aimables et conciliants «*et cela m'a quand même fait beaucoup de plaisir de vous revoir tous. Soyez en bien assurés*», le *tous* renvoie aussi à Dries et Annie.

Dès qu'il est acquis que la courte adresse a été abandonnée chez Theo, une preuve de l'écriture et de l'envoi de RM20 surgit. Les rédacteurs de la *Correspondance* ont utilisée, pour dater et soutenir que RM20 n'a pas été envoyé, un mot mutilé de Theo à sa mère rédigé le 24 août disant: «dans une lettre de V. que nous avons trouvée, écrite immédiatement après le retour à Auvers après nous avoir récemment rendu visite, il dit…»[5] le reste manque.

Le mot tronqué de Theo raconte à sa mère la visite chez lui du docteur Paul Gachet plus de deux semaines après la mort de Vincent. Il rapporte que le docteur est resté jusqu'à minuit et qu'il était intéressé par tout ce que Theo pouvait lui montrer de Vincent. Il s'en déduit que Theo s'apprêtait à citer un propos de Vincent relatif au docteur Gachet. Cela est sans équivoque. Gachet n'étant pas cité dans RM24, la phrase de Theo ne peut y renvoyer.

En revanche, nous trouvons plus bas dans RM20 «*il ne faut aucunement compter sur le docteur Gachet*», deux fois souligné. On conçoit que la réaction de Gachet à la lecture de cette formule qui le disqualifiait absolument était digne d'être rapportée à la mère. On doit aussi envisager que cette lettre a pu être mutilée pour cette raison. Johanna van Gogh était devenue une grande amie du docteur et de sa famille à partir de 1904. Il est en tout cas absurde de déduire du «que nous avons *trouvé*» de Theo que la lettre qu'il s'apprêtait à citer était un courrier non-envoyé soudain découvert. Il avait eu le temps d'explorer les maigres archives de son frère disparu.

5. "*dadelijk nadat hij in Auvers terug was na ons onlangs bezocht te hebben*"

• Le neveu

Tranquille à son arrivée à Auvers, Vincent ne l'est plus après le 6 juillet. Cela vaut aussi pour Theo, pour Johanna et pour le petit Vincent qui a été malade fin juin. L'éreintement dont Vincent parle est nécessairement postérieur à la lettre du 30 juin de Theo «Jo a été admirable comme tu le penses bien. Une vraie mère, mais elle s'est beaucoup fatiguée, de trop même, puisse-t-elle retrouver ses forces & ne pas avoir de nouvelles épreuves à subir. En ce moment heureusement elle dort, mais dans son sommeil elle se plaint & je n'y peux rien. Si seulement l'enfant qui dort aussi lui, la laisse dormir pendant quelques heures, tous les deux se réveilleront avec un sourire, je l'espère.»[894]

4 • *je trouve que Theo, Jo et le petit sont un peu sur les dents et*

5 • *éreintés – d'ailleurs moi aussi suis loin d'etre arrivé à quelque*

6 • *tranquilité. Souvent, très souvent je pense à mon*

7 • *petit neveu – est ce qu'il va bien. Jo voulez vous me*

8 • *croire – si cela vous arrive de nouveau, ce que j'espère,*

9 • *d'avoir encore d'autres enfants – ne les faites pas en ville,*

10 • *accouchez à la campagne et restez y jusqu'à que l'enfant*

11 • *aye 3 ou 4 mois.*

«*Sur les dents*» peut renvoyer au fait que Vincent Willem fasse ses dents, ou que ses parents l'ont craint. Cette éventualité, peu plausible quand Vincent le voit du 17 au 20 mai, devient probable le 6 juillet dans son sixième mois.

Theo n'était pas (pour Vincent) *éreinté* en mai. Vincent écrit à leur sœur Wil qu'il le trouvait :

«*certes, tout bien compté, plutôt changé à son avantage*».[879]

• Que trois mois…

Le fait que Vincent dise presque la même chose dans une lettre écrite le 25 mai «*Souvent, fort souvent je pense à ton petit et je me dis alors que je voudrais qu'il fût grand assez pour venir à la campagne. Car c'est le meilleur système de les élever là.*»[875] est apparu à Hulsker comme la preuve que RM20 était le brouillon de 875. C'est l'un des indices militant en faveur de son classement, mais,

11 • *A présent – il me semble que*

12 • *l'enfant n'ayant encore que 3 mois, déjà le lait devient*

13 • *rare, déjà vous etes comme Theo fatiguée trop_*

à bien y regarder, il y a conflit entre un enfant défini comme ayant « *3 mois* » et le même enfant… pas assez grand *pour aller à la campagne*.[875]

Ce qui a conduit Hulsker à cet argument est que Johanna van Gogh avait, dans sa préparation des lettres pour les publier, changé *trois mois* en « six mois ». Il y avait vu une triche propice au classement proposé par Johanna. Nous y voyons la correction bien anodine d'une mère qui rectifie l'âge de son enfant, correction d'autant plus innocente qu'elle connaît la date réelle de la lettre. J'ai bien fait observer à Hulsker que de toute façon le *trois mois* ne convient ni pour le 24 mai ni pour le 10 juillet (l'enfant a alors cinq mois et une semaine) et que nous avions là la preuve que Vincent, qui vit sans calendrier, a une conception *impressionniste* de l'âge de son neveu, ou que les oncles ne sont pas tous les jours préoccupés par l'âge des neveux, mais cela lui est apparu sans signification, car, pour lui, Vincent savait exactement quand son neveu était né et se souciait de lui.

Il est en tout cas logique – « *est ce qu'il va bien* » – de s'inquiéter de la santé d'un enfant qui a été malade. Cela ne se pose qu'après la fin juin (dans les premières lettres d'Auvers, l'enfant est inclus dans « *ta famille* », il n'y a pas d'inquiétude particulière pour sa santé, sauf à vanter en général l'avantage de la campagne).

La préoccupation pour le *lait rare* est nécessairement dérivée de la situation *à la fin juin* décrite par Theo le 30 :

> « Nous avons été dans la plus grande inquiétude, notre chéri a été très souffrant, mais heureusement le médecin, qui était inquiet lui-même, disait à Jo hier, vous ne perdrez pas l'enfant de cela. Dans ce Paris le meilleur lait que l'on puisse avoir est une véritable poison. Maintenant nous lui donnons du lait d'ânesse & cela lui a fait du bien, mais jamais tu as entendu quelque chose de si douloureux que cette plainte presque continuelle durant plusieurs jours & plusieurs nuits & que l'on ne sait pas quoi faire & que tout ce que l'on fait a l'air d'agraver son mal. Ce n'est pas que le lait n'est pas frais, mais c'est dans la nouriture & le traitement des vaches. C'est abominable. »[894]

Quant au « *vous êtes* […] *fatiguée trop* », c'est clairement la reprise de la même lettre du 30 juin de Theo déjà citée : « *beaucoup fatiguée, de trop même* ». Ces trois éléments concourants écartent clairement le placement « en mai » de ces mots de Vincent.

• *Ereintée*

14 •*Je ne veux pas dire du tout*
   ereintée mais enfin les
   ennuis
15 • *prennent trop de place, sont*
   trop nombreux et vous
   semez
16 • *dans les épines.*

Aux lignes 4 et 5, Johanna était rangée parmi les *éreintés*, maintenant qu'il s'adresse à elle, Vincent ne veut plus du tout dire qu'elle le serait. Cela ne fait que dire une troisième fois, avec le «*fatigué trop*».

Cela ne convient pas pour mai si l'on se fie à ce que Vincent écrit de Johanna à sa sœur Wil, dans un brouillon avorté peu après l'arrivée à Auvers :

> «*Jo a fait sur moi une impression excellente, elle est charmante et bien simple et brave. Oui cela me parait aller vraiment aussi bien que possible pour le moment.*»_RM19

L'exact contrepoint d'une femme compliquée, faisant des montagnes avec les ennuis, gaspilleuse de ce qui a été amassé par d'autres. Le mot épine, synonyme de souffrance et l'expression qui renvoie à la Genèse ne doivent rien au hasard, ils reflètent un désaccord, nécessairement initié en juillet. Dans la lettre que Vincent adresse à Wil le 5 juin, Johanna est vue : «*pleine et de bon sens et de bonne volonté*» écartant une nouvelle fois le classement en mai. Le caractère coûteux du voyage renvoie au caractère dispendieux de Johanna, de nouveau l'inverse d'une fille *simple* et à l'urgence des économies qui s'imposent en juillet.

• *Le voyage en Hollande*

16 • *C'est pourquoi que je*
   vous donnerais
17 • *à penser de ne pas aller en*
   Hollande cette année ci,
18 • *c'est très très couteux*
   toujours le voyage et
   jamais cela
19 • *a fait du bien. Si, cela fait du*
   bien si vous voulez à
20 • *la mère qui aimera à voir*
   le petit – mais elle
   comprendra
21 • *et préférera le bien être du*
   *petit au plaisir de le voir_*
22 • *D'ailleurs elle n'y perdra*
   rien, elle le verra plus tard.

Hulsker a fait valoir, à juste titre, que le principe du voyage en Hollande est acquis au 10 juillet, mais il en a déduit que cela imposait le classement en mai. Ce n'est que l'ombre d'une preuve. Vincent sait que le voyage est décidé, il l'écrit «*le voyage en Hollande je redoute que ce sera un comble pour nous tous.*» Fin mai, Vincent avait conseillé Auvers en des termes voisins : «*Combien je souhaiterais que toi, Jo et le petit preniez un repos à la campagne au lieu du voyage traditionnel en Hollande. Oui je sais bien que la mère voudra absolument voir le petit et c'est certes une raison d'y aller. pourtant certes elle comprendrait si c'était*

23 • *Mais – sans oser dire que ce soit assez – quoi qu'il*
24 • *en soit il est certes préférable que père, mère et enfant*
25 • *prennent un repos absolu d'un mois à la campagne.*

réellement l'avantage du petit. »[875] Rien ne lui interdit de répéter en juillet ce qui lui tient à coeur lorsque l'échéance se précipite. Theo avait d'ailleurs presque donné son aval à la suggestion de son frère :

« Il faut que j'y vienne une fois & j'ai bien des oreilles pour ta proposition de venir avec Jo & le petit, car je me sens bien vidé & la campagne me ferait du bien. Mais il faut aussi aller voir la mère & les parents à Jo. Si je peux avoir 3 semaines de vacances à peu près nous irions d'abord chez toi et ensuite en Hollande. »[876]

Nous avons vu que Vincent empruntait largement, pour étayer son argumentaire, à la lettre de Theo du 30 juin et du 1er juillet. C'est encore le cas, nous y lisons :

« Devons-nous aller à Auvers, en Hollande ou non. Dois je vivre sans soucis pour le jour de demain & quand je travaille toute la journée & n'arrive pas encore à éviter des soucis à cette bonne Jo. »[894]

Ce qu'il s'agit de parer, en juillet, est de dilapider l'argent menaçant de se faire rare avec l'ultimatum posé par Theo à ses patrons. L'annonce de la période de vaches maigres est à n'en pas douter ce qui incite Vincent à mener, après le 6 juillet, un combat d'arrière-garde contre les vacances hollandaises de Johanna et Theo. C'est le sens des phrases suivantes répétant en clair : préférer Auvers.

La lettre apaisante de Johanna envoyée en juillet, mais perdue (pour nous sa réponse à cette lettre, voir *infra*) évoquait nécessairement le voyage en Hollande, nous en trouvons la trace, apaisée elle aussi, dans la réponse de Vincent : *« j'espère de tout mon cœur que le voyage projeté puisse vous procurer un peu de distraction.* »[898]

• *Ahuris tous*

26 • *D'un autre côté moi aussi je crains beaucoup d'être*
27 • *ahuri –*

Même s'il écrit, fin juin, à Gauguin[RM23] qu'il est arrivé à Paris *« un peu ahuri »*, pour se faire pardonner de ne pas avoir cherché à lui rendre visite, Vincent n'est pas parti en mai pour Auvers *« dans l'ahurissement »* (ce qui serait d'ailleurs en contradiction avec une simple crainte d'être *ahuri*). Il est parti avec en poche l'adresse et une lettre de recommandation de Theo pour le docteur Gachet et de l'argent en poche (mais cela vaut pour le 20 mai et le 6 juillet). *Ahuri* appartient au mot laissé chez Theo en filant à l'anglaise – «*un peu ahuris tous*» –, le 6 juillet, pas au contexte de mai.

• *L'argent*

27 • *et trouve étrange que*
   je ne sache aucunement
28 • *sous quelles conditions je*
   suis parti – si c'est comme
29 • *dans le temps à 150 par*
   mois en trois fois –
   Theo n'a rien
30 • *fixé et donc pour*
   commencer je suis parti dans
31 • *l'ahurissement.–*

coûte le moins. »)₆₆₀

L'important est cependant le nerf de la guerre. Vincent dit «pour commencer» et Hulsker y voyait la certitude qu'il s'agissait du commencement du séjour à Auvers. C'est encore une fois une interprétation abusive. On ne se disputera sur le sens usuel «d'abord» de «pour commencer» que Vincent pratique (il n'y a, par exemple, aucun commencement au sens strict dans «*Et pour commencer installons-nous là où la vie coûte le moins.* »)₆₆₀

Le fond importe. Le retour dans le nord et le départ pour Auvers ont eu l'aval de Theo des mois auparavant. Son accord l'engageait nécessairement à poursuivre comme auparavant, depuis le début de leur «contrat» à 150 francs mensuels, souvent plus. Rien n'a changé en mai pour leur contrat.

Il n'y a pas de remise en cause de l'argent que Vincent reçoit avant que Theo ne décide de mettre au pied du mur ses patrons qui le tiennent *à court*. C'est le départ de chez Goupil, *fait accompli*, qui justifie de fixer ou de reconduire le contrat. En juillet, Vincent dit, dans sa réponse à Johanna, qu'il a cru être un fardeau : «*J'ai craint – pas tout à fait – mais un peu pourtant – que je vous étais redoutable étant à votre charge*». C'est évidemment sur ce point qu'elle l'a rassuré : «*mais la lettre de Jo me prouve clairement que vous sentez bien que pour ma part je suis en travail et peine comme vous.*»₈₉₈

Dans les éléments de discussion en vue de cerner la date de la lettre, les éditeurs de la *Correspondance* notent :

«la déception de Vincent de ne pas avoir reçu l'allocation que Theo lui octroie s'est sans doute été dissipée dans l'intervalle, car il a reçu 50 francs le dimanche [25 mai]».

Ainsi que nous l'avons vu, Vincent n'attendait ni ne pouvait attendre lettre ou argent avant le dimanche suivant son arrivée à Auvers. Il ne s'est donc pas affolé pour un envoi d'argent qu'il n'attendait pas. Ce qui le préoccupe dans RM20 *n'est pas* un versement, mais le maintien ou non des *conditions* à 150 francs mensuels. Les mille francs par mois que Theo gagna tôt chez Goupil ont fondé leur association. Son possible départ de la firme les menace.

Vincent résume ce qui se joue dans sa réponse à la «lettre-évangile» de Johanna :

> «*c'est pas peu de chose lorsque tous ensemble nous sentons le pain quotidien en danger, pas peu de chose lorsque pour d'autres causes que celle là aussi nous sentons notre existence fragile.*»[898]

C'est aussi pour cette raison que Theo, soulagé, lui répondra le 14 juillet :

> «Nous sommes très content que tu n'es plus autant sous l'impression des affaires en suspens que quand tu étais içi. Vraiment le danger n'est pas aussi grave que tu le croyais.»[900]

Vincent était sous le coup et il y avait bel et bien un danger – même s'il est finalement jugé moins grave qu'imaginé au lendemain du 6 juillet.

• *Se revoir encore, plus calme,*

32 • Y aurait-il moyen de se revoir encore plus calme – je l'espère.
33 • mais le voyage en Hollande, je redoute que ce sera un comble
34 • pour nous tous.

Querelle de virgule, d'abord ! Deux significations possibles : se revoir *encore* plus calmement que la dernière fois où nous nous sommes *revus,* ou bien : se revoir *encore,* comme nous sommes *revus,* mais dans des circonstances plus calmes.

La première proposition, *Y aurait-il moyen de se revoir, encore plus calme – je l'espère,* n'a évidemment pas de sens, Vincent n'a pas, en mai, hiérarchisé ses rencontres avec son frère selon un critère de quiétude relative après une rencontre en deux ans.

Il faut donc opter pour la seconde et déplacer la virgule en tout cas nécessaire pour éviter l'ambiguïté sur le sens des mots et lire : *Y aurait-il moyen de se revoir encore, plus calme – je l'espère.* La lettre est alors nécessairement postérieure à la fois où ils se sont (tous) revus – troisième rencontre, celle du 6 juillet avec

Theo, Johanna et le petit (après le séjour à Paris en mai et la visite à Auvers le 7 juin) qui fut tout sauf *calme*.

Malgré les apparences, la formule ne sied, donc, qu'à juillet. Sauf à trouver des éléments propres à épauler l'idée d'un séjour mouvementé en mai. On n'en trouvera pas, l'hypothèse même est déjà contredite.

Un *comble!* Le mot est trop fort pour être tenu pour anodin. Le paroxysme d'un mal que Vincent craint ne semble pouvoir être que la répétition de l'inquiétude pour l'argent ou pour le lien fragilisé entre Theo, Johanna et lui, les alarmes de juillet avec les « *orages* » menaçant *la paix du ménage* de Theo.[902]

• *Naufrage*

35 • *Je prévois toujours que cela fait souffrir l'enfant plus tard d'être*

36 • *élevé en ville. Est ce que Jo trouve cela exagéré_ Je l'espère*

37 • *mais enfin je crois que pourtant il faut être prudent_*

38 • *Et je dis ce que je pense parceque vous comprenez*

39 • *bien que je prends de l'intérêt à mon petit neveu*

40 • *'et tiens à son bien être; puisque vous avez bien voulu*

41 • *le nommer après moi, je desirerais qu'il eût l'âme*

42 • *moins inquiete que la mienne. qui sombre_*

mots.

La fin exceptée, tout le passage est de peu d'incidence pour la datation: l'âme de Vincent sombre. Elle ne sombre pas en mai. Nous n'en avons pas la trace, en revanche, après le retour à Auvers le 6 juillet, tout s'écroule, jusqu'à l'extrême désarroi de: « *Eh bien mon travail à moi j'y risque ma vie et ma raison y a fondu* à moitié* » du 23 juillet (*conjuguant *fondre* à mauvais escient, Vincent dit: *fondrée*).

Pour lui, fin mai, tout va bien. Il jouit du cadre champêtre, de la douceur de vivre, du calme, c'est le moment de mettre les bouchées doubles, il est heureux, le chemin est dégagé. Ceci n'est pas une appréciation, mais la respectueuse transcription de ses

Sa lettre du 25 mai à Theo et Johanna dit:

> « *Eh bien ce moment-là où j'aurai besoin de lui* [le docteur Gachet] *peut certes venir, pourtant jusqu'à aujourd'hui cela va bien. Et cela peut devenir encore mieux, je crois toujours que c'est surtout une maladie du midi que j'ai attrapé et que le retour ici suffira pour dissiper tout cela.* [...] *il y a beaucoup de villas & habitations diverses modernes et bourgeoises, très souriantes, ensoleillées et fleuries* [...] *il y a beaucoup de bien-être dans l'air. Un calme à la Puvis de Chavannes j'y vois ou y crois voir,*

pas d'usines, mais de la belle verdure en abondance et en bon ordre. […] je me sens heureux de ne plus être si loin de vous autres et des amis. J'espère que ta santé ira bien. […] il faudrait une nourriture très solide. Sois donc sage là-dedans, surtout Jo aussi ayant son enfant à nourrir. Vrai il faudrait bien doubler la dose, ce serait rien exagérer quand il y a des enfants à faire et à nourrir. Sans ça c'est comme un train qui marche lentement là où la route est droite. Temps assez de modérer la vapeur quand la route est plus accidentée.»[875]

Les seules préoccupations sont la malle, les meubles et le petit appétit de Theo. Elles sont sans rapport avec le dramatique contenu de RM20 écrit par un homme qui appelle au secours, se jugeant *raté* et dont l'âme se noie.

Toujours insouciant le 2 juin, il vit «*au jour le jour*». Malgré «le nombre étonnant de sujets en commun» remarqués, qui d'ailleurs se réduisent comme peau de chagrin quand on les examine, la lettre du 25 juin n'est pas une nouvelle version de RM20. La perspective n'est pas la même dans les deux lettres. Une lecture superficielle ne peut prendre le pas sur une exégèse fondée.

• *Parlons maintenant du docteur Gachet*

43 • *Parlons maintenant du Dr Gachet. J'ai été*
44 • *le voir avant hier, je l'ai pas trouvé_*

Laissons pour plus tard l'appréciation de Gachet en nous contentant de remarquer la solennité du «*Parlons maintenant de…*», tandis qu'une digression est nécessaire avant d'en venir au fait.

Avant-hier, est, si RM20 est du 24 mai, le jeudi 22 mai, si RM 20 est du 10 juillet, le mardi 8. Si l'on admet qu'il y a dans le fait de n'avoir pas trouvé Gachet, *a minima*, une surprise de Vincent (en fait persuadé d'avoir été éconduit),c'est qu'il s'attendait à trouver le docteur chez lui. Si Vincent s'est précipité chez Gachet le 20 juin en arrivant à Auvers, c'est qu'il savait l'y trouver, Theo le dit le 19 mai : « Il a décidé de partir pour Auvers pour aller vous voir ». Le calendrier du docteur est immuable. Il exerce à Paris où il se rend le mardi soir (le lundi soir le premier lundi de chaque mois le *Dîner* de son club d'*Eclectiques*) pour être de retour le samedi soir. Theo le sait, il lui a demandé, le 9 mai : « vous serez bien aimable de me dire quels jours vous venez à Paris ».

Quand bien même on ne voudrait ni croire que Gachet a donné ses disponibilités à Theo, ni non plus admettre l'évidence que Gachet a donné son calendrier à Vincent, force sera tout de même de reconnaître que Vincent ne pouvait espérer trouver le docteur le jeudi 22 mai : il le sait à Paris. Il l'écrit le 20 mai : «*Probablement tu verras le Dr Gachet cette semaine*».[873] Vincent n'a donc pas cherché à voir Gachet entre le 21 et le 23 mai. Il devient de nouveau définitivement certain que la lettre RM20 ne date pas du 24 mai.

Sachant Gachet présent, le mardi 8 juillet, il peut en revanche escompter être reçu par lui. La porte fut close. La disqualification du docteur vient de là.

• *Quatre études peintes*

45 • *De ces jours ci je vais très bien, je travaille dur et*
46 • *ai quatre études peintes et deux dessins.*
47 • *Tu verras un dessin d'une vieille vigne avec une figure de*
48 • *paysanne. Je compte en faire une grande toile_*

Il serait bien illusoire de suivre Vincent quand il prétend *aller très bien*. Le dire a cependant un sens, se qualifier et garantir que son discernement n'est pas altéré, la preuve, il « travaille dur », ce que Theo reprendra le 25 juillet.[2029] Il a peint quatre études depuis le début de *ces jours-ci*. Il n'est pas raisonnable d'accepter quatre toiles en trois jours à l'arrivée à Auvers, d'autant que le 24 mai est jour de forte pluie. Une toile par jour travaillé est un maximum. En mai, il ne travaillait pas *dur*, il dit :

"*Vaguement des tableaux se présentent à ma vision, qu'il prendra du temps pour mettre au clair mais ça viendra peu à peu.*»[875]

Hulsker regardait comme une décisive le *dessin d'une veille vigne avec une figure de paysanne* en raison du propos presque identique de la lettre du 25 mai : «*J'ai un dessin d'une vieille vigne dont je me propose de faire une toile de 30*». Seule une certitude vaudrait preuve. Rien ne garantit pourtant que les deux lettres renvoient au même dessin. Nous avons d'ailleurs deux vues montrant de *vieilles vignes* peintes à Auvers même si ce ne sont pas des toiles de 30. Projet n'est pas réalisation.

• *Aucunement compter sur le docteur*

49 • *Je crois qu'il ne faut aucunement compter sur*
50 • *le Dr Gachet. D'abord il est plus malade que moi à*
51 • *ce qu'il m'a paru, ou mettons juste autant, voilà_*

Le bon sens veut que pour juger Gachet il faille que Vincent, homme réfléchi, l'ait pratiqué. Entre le 20 mai, leur première rencontre et le 24 mai, ils ne se sont pas pas revus. Le 20, il en avait aussitôt dressé ce portrait :

52 • *Or lorsqu'un aveugle*   «*J'ai vu M. le Dr Gachet qui a fait sur moi*
    mènera un autre aveugle, ne   *l'impression d'être assez excentrique mais son*
53 • *tomberont ils pas tous*   *expérience de docteur doit le tenir lui-même en*
    *deux dans le fossé_*   *équilibre en combattant le mal nerveux duquel*
                                              certes il me parait attaqué au moins aussi

gravement que moi. [...] – il a un très beau Pissaro, hiver avec maison rouge dans
la neige. et deux beaux bouquets de Cezanne. Aussi un autre Cezanne du village.
[...] Sa maison à lui est pleine de vieilleries noires noires noires, à l'exception des
quelques esquisses d'impressionistes nommées. Malgré que c'est un drôle de bonhomme
l'impression qu'il a faite sur moi n'est pas defavorable. Causant de la Belgique et des
jours des anciens peintres, sa figure raidie par le chagrin redevient souriante et je crois
bien que je resterai amis avec lui et que je ferai son portrait. Puis il me dit qu'il faut
beaucoup travailler hardiment et ne pas du tout songer à ce que j'ai eu.»[873]

Même en broyant du noir, on ne peut soudain s'emporter contre un homme
que l'on a jugé bienveillant trois jours plus tôt, dont on a remarqué qu'il ne
tournait pas tout à fait rond et à qui on n'en tient pas rigueur.

Les propos de Vincent au 25 mai sont peut-être plus contraignants encore :

«Aujourd'hui j'ai revu le Dr Gachet et je vais peindre chez lui Mardi matin puis
je dînerais avec lui et après il viendrait voir ma peinture. Il me parait très raisonnable
mais est aussi découragé dans son métier de médecin de campagne que moi de ma
peinture. Alors je lui ai dit que j'échangerais pourtant volontiers métier pour métier.
Enfin je crois volontiers que je finirai par être amis avec lui. Il m'a d'ailleurs dit que si
de la mélancolie ou autre chose deviendrait trop forte pour que je la supporte, il pouvait
bien encore y faire quelque chose pour en diminuer l'intensité et qu'il ne fallait pas se
gêner d'être franc avec lui. Eh bien ce moment-là où j'aurai besoin de lui peut certes
venir, pourtant jusqu'à aujourd'hui cela va bien.»[875]

Le contraste serait si fort à la fois avant et après qu'il faut se rendre à
l'évidence, une séquence prenant RM20 en sandwich n'est pas plausible.
Vincent est un homme aux opinions fort peu versatiles. A moins qu'il soit
devenu soudain fou, l'éventualité qu'il ait changé trois fois d'opinion en cinq
jours est inconcevable. Classer RM20 en mai est peindre Vincent en fou et en
dit assez long sur l'incompréhension de l'homme qu'il était. Hulsker m'avait
dit qu'il le voyait «assez étrange», on peut en convenir, mais jamais aucun des
écrits de Vincent ne le montre dérangé.

Que Gachet disparaisse des lettres de Vincent après une disqualification
aussi absolue est en revanche impératif et, après ces mots, replacés au 10
juillet, Vincent n'évoque plus le docteur dont il écrivait le 3 juin : «*mais celui là*

restera un ami à ce que je présumerais»[877] ou, le surlendemain : pour sa sœur «*Puis j'ai trouvé dans le Dr Gachet un ami tout fait et quelque chose comme un nouveau frère serait – tellement nous nous ressemblons physiquement et moralement aussi.*»[879] Illusions perdues, le dépit succède à l'enthousiasme, *dura lex sed lex.*

• *Le docteur Peyron*

54 • *Je ne sais que dire_ Certes ma dernière crise, qui fut*
55 • *terrible, était due en considérable partie à l'influence des*
56 • *autres malades, enfin, la prison m'écrasait et le père Peyron*
57 • *n'y faisait pas la moindre attention, me laissant vegeter*
58 • *avec le reste corrompu profondément_*

Affaire de cohérence intellectuelle, ce qui est dit de Peyron ne vaut pas mieux. Vincent révèle ce qu'il a subi à l'asile. Ce qui a été dit sur le fonctionnement de pareils établissements au XIXe et sur ce qui y enduraient les pensionnaires nous indique que ses mots sonnent juste.

Prisonnier élargi depuis dix jours, l'idée qu'il se fait, début juin, de son geôlier en chef n'est pas l'abandon mais, au contraire, l'attention qu'il lui témoignait. Du moins est-ce ce qu'il écrit le 2 juin : «*car il était très bon pour moi et je ne l'oublierai certes pas*»[877] Deux jours plus tard, dans une lettre à sa mère ses mots restent flatteurs : «*il faisait entre moi et les autres de ses patients, une différence en ma faveur*».[878] Il est dans le même état d'esprit dans la lettre du même jour à sa sœur : «*celui-là, très capable et me voulait décidément du bien*».[879]

Le changement de présentation de Peyron ne peut s'effectuer *qu'ensuite*, avec le recul, le jour où il souhaite indiquer à son frère et à sa belle-sœur qu'il n'a pas la vie facile et qu'il a accepté sans s'en plaindre le sort déplorable qui fut le sien (ce que plusieurs passages des lettres de Saint-Rémy montraient d'ailleurs sans ambiguïté).

• *Le logement de trois pièces*

59 • *Je peux avoir un logement, 3 petites pieces à 150 par an_*
60 • *Cela si je ne trouve pas mieux, et j'espère trouver mieux,*

Il faudrait, si la lettre RM20 datait du 25 mai, que, titan, en plus d'avoir visité docteur et village, dessiné, peint quatre toiles, et s'être installé, Vincent ait pris divers contacts et déniché un logement de trois pièces et pu imaginer qu'il trouverait à meilleur compte. Pareille activité est à écarter, mais, au juste, quelle pourrait être cette fantaisie d'homme démarchant pour trouver une maison alors qu'il n'a aucune assurance financière pour l'avenir ?

Arrivé à Auvers, Vincent commence par l'auberge bon marché, refusant celle où Gachet a eu l'amabilité de le conduire. Il ne cherche pas immédiatement à s'installer :

> *« De mon côté j'en ai trouvé une* [auberge] *où je payerai 3.50 par jour. Et jusqu'a nouvel ordre je crois devoir y rester. Lorsque j'aurai fait quelques études je verrai si il y aurait avantage à changer. mais cela me parait injuste lorsqu'on veut et peut payer et travailler comme un autre ouvrier, d'avoir à payer quand même le double presque parceque l'on travaille à de la peinture. Enfin je commence par l'auberge à 3.50. »*[873]

Début juin, il n'a pas encore trouvé de havre, puisqu'il écrit, le 2 : *« j'ai encore rien trouvé d'intéressant en fait d'atelier possible, et il faudra pourtant prendre une chambre pour y mettre des toiles qui sont de trop chez toi et qui sont chez Tanguy. »*[877]

Il ne chercherait pas, le 2 juin, *une chambre* pour remiser les toiles si, une semaine plus tôt, il avait trouvé *un logement de trois petites pièces*.

Les trois pièces pour 150 francs par an sont, en juillet, une mesure d'économie pour la disette qui s'annonce *après* avoir parlé le 10 juin d'une maison qu'il pourrait louer pour quelque 400 francs par an, qui serait aussi le pied à terre à la campagne de Theo et Jo :

> *« Reflexion faite, pour ce qui est de prendre cette maison ou bien une autre voici ce qu'il y a. Ici je paye un franc par jour pour mon coucher donc si j'avais les meubles la différence de 365 francs ou de 400 ne serait pas à mon avis d'importance très grande et alors j'aimerais bien que vous autres eussiez en même temps que moi un pied à terre à la campagne. »*[881]

La perspective de prendre *une maison* est en tout cas postérieure à la visite enthousiaste de Theo et Johanna à Auvers le 7 juin où elle se décide. La réception des meubles réexpédiés d'Arles, dont il règle le port peu après son retour de Paris le 6 juillet,[898] rappelle l'urgence de trouver un logement.

• Le trou à punaises

61 • en tout cas est preferable au trou à punaises chez Tanguy

Vincent apparaît remonté contre Tanguy, mais aussi contre Theo qui a loué le « trou à punaises », si le sens de « j'y trouverai un abri

62 • *et d'ailleurs j'y trouverais*
    un abri moi-meme et
    pourrais
63 • *retoucher les toiles qui en*
    ont besoin_ De telle facon
64 • *les tableaux s'abimeraient*
    moins et en les tenant
65 • *en ordre la chance d'en*
    tirer quelque profit
66 • *augmenterait.*

moi-même» est bien celui-là. L'expression renvoie aux risques auxquels sont exposées les toiles qui y sont conservées.

Il les a vues à son retour du Midi et est de nouveau retourné chez Tanguy le 6 juillet. Les deux fois l'état d'abandon de son oeuvre l'a accablé, mais le 6 juillet a nécessairement été plus marquant pour lui, puisqu'il devait y retrouver Walpole Brooke, un potentiel client, qu'il avait rencontré à Auvers et qui a pris en contact avec Theo qui avertit le 3 juillet (et non le 5) :

> «Vient donc si tu veux Dimanche avec le premier train, tu verras le matin Walpoole Brooke qui vient voir tes tableaux chez Tangui »[897]

Brooke n'a rien pris, de quoi penser que les efforts de perdu ont été vains.

Si l'on recherche les évocations de Tanguy en mai, on remarque que le trou à punaise n'est encore qu'une «*mansarde*».[877] Il ne s'agit alors que de dépouiller les toiles de leurs châssis, c'est deux fois dit, afin que Vincent puisse les emporter à Auvers et les y retoucher. En juin, Tanguy devrait avoir la priorité sur la livraison des couleurs, la lettre du 17 juin nous le montre :

> «*Maintenant c'est pas important cette différence et si Tanguy y met de la bonne volonté pour emballer les toiles en dépôt chez lui – juste qu'il aie la commande pour les couleurs.*»[889]

Les passages qui évoquent avant la visite désastreuse du 6 juillet sont trop bien aimables pour le gérant *d'un trou à punaises.*

• *La résignation*

66 • *Car – je ne parle pas*
    des miennes –

Il faut mesurer la dramatique portée du propos. Avec : *car je ne parle pas des miennes,* Vincent, qui ne vit que pour son oeuvre, renonce à l'évoquer. Il faut, pour que cela soit le cas, la survenue de quelque chose menaçant sa cohérence même. Il s'agit fatalement de la journée du 6 juillet, journée d'extrême tension, rien de tel ne s'est passé en mai.

• Egarées là...

<u>67'</u> • *mais les toiles Bernard,*
Prevot, Russell, Guillaumin,
68 • *Jeannin qui s'etaient egarés*
là – c'est pas leur place.

Ces toiles sont celles de la collection de Theo (et un peu de Vincent) qui étaient entreposées chez Tanguy avec les oeuvres de Vincent mais ne le sont plus. Cela cache une nouvelle preuve certaine de la rédaction après le 6 juillet. Détaillons.

Le 7 juin (lettre 880), Theo a annoncé à son frère qu'Armand Guillaumin avait mis à sa disposition un *Coucher de soleil* en vue d'un échange. Son invitation, le 6 juillet, même si Vincent retourne à Auvers sans attendre sa venue,[898] semble être en rapport avec cet échange et que la visite de Guillaumin ait d'une certaine manière « remplacé » le projet de rencontre avec Léo Gausson (qui offrait également un échange).

Theo dit que le tableau proposé par Guillaumin «était» chez Tanguy, mais cela ne semble pas nécessairement indiquer qu'il l'aurait pris chez lui. Il s'agit plus probablement d'un moyen de dire à son frère où il l'a vu.

En revanche, lorsque Vincent écrit sur un ton de reproche : « *mais les toiles* [de] *Bernard, Pruvot, Russell, Guillaumin, Jeannin qui s'étaient égarées là* »[RM20], l'usage de l'imparfait «*étaient là*», transformé en plus que parfait et renforcé : « *s'*/ *étaient* *égarées*/ *là* », comme le manuscrit de Vincent nous le garantit, nous indique qu'*elles n'y sont plus*.

Vincent se justifie ici de les avoir extraites du « *trou à punaises* » et rapportées chez Theo. Il avait auparavant dit son attachement à un *Autoportrait* et un *Portrait* de Guillaumin ajoutant «*garde bien mon portrait par Russell auquel je tiens tant*».[800]

Confirmation de la récupération chez Tanguy est donnée par le retour *du tableau de Prévost*, que Theo avait accroché chez lui,[658, 670] avant sa relégation dans le trou à punaises. Il est récupéré le 6 juillet juste avant l'incident avec Johanna à l'occasion de la tentative de ré-accrochage que Theo évoque :

---

6. « *Pruvot* » et non « Prevot » (ou « Presvot », comme la note 7 de RM20 le suggère). Déjà, dans la lettre 815, Vincent avait orthographié Prévost : « *Pruvot* », et non «Prevot » comme cela a été transcrit. (/let815/letter.html#n-10) Il s'agissait alors d'un autre peintre « Alexandre Gabriel Céleste Prévost, né à Paris en1832, [†1910] qui a réalisé des œuvres d'après Velasquez pour le musée des copies de Charles Blanc » comme l'a noté Agnès Gué signalant ses *Ménines*, dans son mémoire de l'Ecole du Louvre Goya dans l'historiographie française. 2014, note 175. Il est également copiste des *Majas* de Goya, voir ses notes 161 sq..

«Est ce peut être, mais je ne peu pas croire cela, que tu considère comme querelle domestique intense que Jo te demandait de ne pas mettre le Prevost à un endroit où tu voulais l'accrocher. Elle n'a pas pensée te blesser avec cela & certes aurait préféré que tu l'y laisses que de te fâcher pour cela. »[901]

L'unique tableau d'Eugène Prévost[7] de la collection de Theo, ne peut être simultanément chez Theo et chez Tanguy. Il *était* chez Tanguy jusqu'au 6 juillet au matin avant que Vincent ne le rapporte chez Theo.

L'affaire prend corps. Le 6 juillet déjà, Vincent ne se battait pas pour son oeuvre – les murs de Theo avaient été sa galerie – mais pour accrocher le tableau de Prévost, s'y sentant autorisé puisqu'il décorait auparavant l'appartement de son frère et qu'il avait été requis pour cette tache de conseiller en décoration par la lettre du 3 juillet de Theo : «Tu resteras chez nous tant que tu voudras & tu nous donneras conseil pour l'arrangement de notre nouvel appartement. »[898] Le conflit avec Johanna qui se montre maîtresse chez elle ne fait qu'ajouter à l'inquiétude liée à l'incertitude sur le devenir de Theo.

• *La marchandise*

69 • *Or des toiles comme celles là – encore une fois des miennes*
70 • *je ne parle pas – c'est de la marchandise qui a*
71 • *et gardera une certaine valeur et la negliger c'est*
72 • *une des causes de notre gène mutuelle.*

La répétition du refus d'évoquer ses propres oeuvres confirme le profond désarroi. La *gêne mutuelle* ici évoquée constitue un reflet de cette incertitude. Si les toiles de Vincent se vendaient, il aurait moins le sentiment d'être un fardeau (celles des autres artistes sont au moins du capital, mais Vincent, qui n'est pas le plus mal placé pour évaluer la valeur relative de son travail, sait ne pouvoir en revendiquer autant pour ses oeuvres). Si on veut le dire autrement, que Vincent soit contraint à renoncer à revendiquer son oeuvre, qui est sa vie – il n'en a pas d'autre –, rend la situation alarmante et ce n'est pas le cas en mai. En mai, il n'y a pas d'inquiétude de la sorte. L'argent est comme anodin : «*ce que j'ai me tiendra jusqu'alors mais je n'en ai pas pour plus longtemps.*»[874]

---

7. Charles Eugène Prévost, dont le prénom usuel était le dernier, comme c'était la règle à l'époque, est né à Charleville le 23 août 1855, d'un père banquier, il était sociétaire du *Salon* (Un *conseil d'amie*, 1880), puis du Salon des artistes français, de 1884 à 1887 ; il est mort au début mars 1929 (*Comœdia* 6 mars 1929 et *Journal de débats* le lendemain annoncent son décès et mentionnent sa qualité). La « maîtresse » de Prévost qu'évoque Vincent n'est sans doute simplement qu'une bonne-amie, (voir votre note : http://vangoghletters.org/vg/letters/let808/letter.html#n-8), il ne se marie qu'en janvier 1908.

• *Mon mois*

73 • *Cela m'attriste bien un peu de devoir insister*
74 • *sur ce que tu m'envoies une partie au moins de*
75 • *mon mois dès le commencement.*

Le retour sur la question d'argent écarte de nouveau la date de mai. Si Vincent avait tant eu besoin d'argent, il n'aurait pas manqué de donner son adresse dans sa lettre du 20 et nous savons qu'il ne peut pas espérer d'argent avant le 24, car il a demandé à en recevoir au plus tôt le lendemain (réclamant un envoi *vers la fin de la semaine*). On peut voir le reflet de *cela m'attriste*, dans : « *Revenu ici, je me suis senti moi aussi encore bien attristé...* » ou dans « *je ne me suis pas gêné pour chercher à exprimer de la tristesse* »,[898] la tristesse s'est bel et bien installée. Vincent, qui a besoin de sécurité et est absolument dépendant, réclame l'argent comme preuve de la reconduction du contrat dont il redoute la dissolution. On ne saurait oublier qu'il n'a préparé aucune solution de secours et l'on doit se rappeler que l'aide est pour lui une question de vie ou de mort.

• *Tout va bien ?*

75 • *Mais je ferai*
76 • *encore mon possible de trouver que tout va bien_*

Tout va donc très mal ! L'incompatibilité avec l'état d'esprit de mai apparaît, cette fois encore, flagrante si l'on rapproche les propos nécessairement sincères qu'il consigne alors : « *Oui, cela me paraît aller vraiment aussi bien que possible* »[RM19]

• *Que Jo dise ce qu'elle veut*

77 • *Il est certain je crois que nous songeons tous*
78 • *au petit et que Jo dise ce qu'elle veut, Theo comme*
79 • *moi j'ose croire se rangeront à son avis.*

En mars, Vincent considérait que Theo devait tenir son ménage – *Mon pauvre frère prends donc les choses comme elles sont, ne t'affliges pas pour moi, cela m'encouragera et me soutiendra davantage que tu ne croies de savoir que tu gouvernes bien ton ménage.*[857] Pour que Vincent s'en remette aux *desiderata* de Johanna, il faut que Johanna se soit montrée maîtresse femme et maîtresse chez elle. Cela ne fut pas le cas en mai où elle était vue *charmante simple et brave*. Propos d'après le 6 juillet, nécessairement, donc.

Que Jo dise ce qu'elle veut est une invitation faite à Jo à répondre. C'est fatalement cette adresse comminatoire (combinée aux mises en cause) qui provoque la réponse de Johanna en forme de «lettre-évangile». Dans un courrier à Theo apprenant que Vincent s'est blessé, Johanna reconnaîtra n'avoir pas été aimable avec lui le 6 juillet et se demandera s'ils ne sont pas allés *trop loin* ce jour-là.

• *Du repos à tous*

79 • *Moi je ne*
80 • *peux dans ce moment que dire que je pense*
81 • *qu'il nous faut du repos à tous.*

Vincent est abattu, le retour à : *éreintés* [...] *je ne veux pas dire éreintée* révèle que seul le repos pour *tous* serait salvateur. *Tous*, comme le *ahuris tous* du mot abandonné chez Theo et Johanna le 6 juillet. De nouveau, Vincent se montre disqualifié : *je ne peux que...* Il a compris qu'il est écarté de toute décision (fait accompli).

• *Raté, voilà pour mon compte!*

81 • *Je me sens – raté –*
82 • *voilà pour mon compte – je sens que c'est là le sort*
83 • *que j'accepte. et qui ne changera plus. Mais raison de*
84 • *plus/ mettant de côté toute ambition nous pouvons*
85 • *des années durant vivre ensemble sans nous ruiner*
86 • *de part ou d'autre.*

Accablement devant la désespérance de l'immense Vincent. Son renoncement résigné ne peut s'être produit sans cause réelle et sérieuse. Il a soudain entrevu qu'il avait perdu la bataille décisive pour faire le gros coup qu'il préparait depuis deux ans, revenir avec son œuvre éclatante, lui qui avait tout compris.

Renoncer à son ambition, dit l'extrême désarroi. Son insouciance au début du séjour à Auvers est inconciliable. Encore une fois, la question d'argent se pose du fait de l'ultimatum posé par Theo à ses patrons et l'enjeu n'est pas un versement, mais l'avenir *des années durant*.

• *Avec les quatre d'ici...*

86 • *Tu vois qu'avec les toiles qui sont encore*
87 • *à St Remy/ il y en a au moins 8 avec les 4 d'ici je cherche à*
88 • *ne pas perdre la main.*

Diable ! Voilà « la preuve » que cette lettre fut écrite en mai. Non, une preuve ne ressemble pas à cela. A lire ce passage tel que les éditeurs de la *Correspondance* l'ont lu, il est certain que Vincent évoque douze toiles, huit encore à Saint-Rémy et quatre d'ici. Que lire d'autre quand on voit écrit « Tu vois qu'avec les toiles qui sont encore à St Remy, il y en a au moins 8, avec les 4 d'ici je cherche à ne pas perdre la main»?

Pour l'édition de la *Correspondance* ceci serait le «texte original», du moins est-ce ainsi présenté. Vincent n'a pas écrit cela, mais :

> «*Tu vois qu'avec les toiles qui sont encore à St Remy il y en a au moins 8 avec les 4 d'ici je cherche à ne pas perdre la main.*»

Différence? deux virgules. Rien!, à peine du vent comme disait Shakespeare qui réduisait un mot à de l'air expulsé, et pourtant! Si le désir de rendre compréhensibles les phrases d'un Vincent qui ponctuait peu ou prou est louable, l'intervention est cette fois intempestive et change la signification. Une virgule est en tout cas impérative devant: «*je cherche à ne pas perdre la main*», pour contredire ceux qui se satisferaient de cet arrangement.

Nous savons que Vincent a reçu «*les toiles de là-bas* [Saint-Rémy]» en juin, cela est dûment consigné dans sa lettre du 24 juin : «*Maintenant les toiles de là-bas sont arrivées, les Iris ont bien séché et j'ose croire que tu y trouveras quelque chose; ainsi il y a aussi encore des roses, un champ de blé, une petite toile avec montagnes et enfin un cyprès avec une étoile*».[891] Il s'en déduit logiquement qu'il ne reste aucune toile à Saint-Rémy. C'est ainsi que ce fut lu, ce n'est pas ce qui est écrit.

Quand, faisant valoir la valeur de ce que son travail acharné produit, Vincent évoque «*les 4 d'ici*» que Theo et Johanna ne connaissent pas, le pronom défini «les» renvoie à celles plus haut évoquées dans la lettre («*je travaille dur et ai quatre études peintes et deux dessins*» lignes 45 et 46), peintures que l'on ne saurait identifier dans la production de mai, comme le montrent l'impossibilité de quatre toiles peintes en trois jours travaillés et l'infructueuse tentative d'identification des éditeurs de la *Correspondance*.[8] Le classement en ami s'en trouve écarté.

La phrase de Vincent dit qu'il y a 8 toiles en tout *dont* ces quatre là. Ce que Vincent dit est, incise qui doit être prise entre virgules, mais ne doit pas

---

8. "These four paintings included *Thatched cottages and houses* (F 750 / JH 1984), *Chestnut tree in blossom* (F 751 / J H 1992) and *Chestnut tree in blossom* (F 752 / JH 1991) ; see letters 874 and 875. The fourth painting was possibly *Vineyard and houses* (F 794 / JH 2002), which displays the same house and vineyard seen in the drawing mentioned below, which is titled *Vineyard with a woman* (F 1624 / JH 1985). The second drawing was probably *Landscape with houses* (F 1640r / JH 1986). See exhib. cat. New York 1986, p. 200, and cat. Amsterdam 2007, p. 423." voir: http://www.vangoghletters.org/vg/letters/RM20/letter. html#n-3

être ponctuée : « *il y en a au moins 8 avec les 4 d'ici* ». Huit toiles en tout, dont quatre et non pas : huit *avec* quatre, comme des non-francophones l'ont lu. Certitude qu'il faille ainsi lire et ponctuer ? Oui, le sens prime. Comme dans *Belle marquise, vos yeux me font mourir d'amour*, on doit pouvoir intervertir les termes sans altérer le sens. *Tu vois que je cherche à ne pas perdre la main…* ce qui montre à Theo que Vincent s'efforce de conserver sa *facilité de produire* (*infra*) est : les toiles produites. Quelles toiles ont été produites ? *Celles qui sont encore à St Remy **et** celles d'ici.* Combien de toiles en tout ? *Au moins 8 avec les 4 d'ici.*

On ne peut évidemment pas, quelles que soient les particularités de l'écriture de Vincent, placer entre virgules : *avec les quatre d'ici*, car, par définition, ce ne sont pas des toiles de Saint-Rémy. Seule ponctuation possible pour éclairer le lecteur : « *Tu vois qu'avec les toiles qui sont encore à St Remy, il y en a au moins 8 avec les 4 d'ici, je cherche à ne pas perdre la main.* »

Raisons non syntaxiques de ne pas se contenter de : « au moins 8 restées à Saint Rémy ». Vincent écrit : « *Pendant les quinze derniers jours (ou trois semaines) que j'ai passés à Saint-Rémy, je travaillais sans relâche, du matin de bonne heure jusqu'au soir…* »[878] Au cours d'une période aussi faste, où il dit travailler « *avec rage* »[RM19] sa moyenne de production devait voisiner celle d'Auvers : une toile par jour.

Les toiles prenant environ trois semaines pour sécher (Vincent dit *bien un mois*)[870)] il nous faudrait davantage de toiles peintes dans les rageuses dernières semaines et demeurées à Saint-Rémy et non : « *au moins 8* ». L'inventaire du 24 juin, à réception des toiles *de là-bas : (Iris […] des roses, […] un champ de blé, […] une petite toile avec montagnes […] et enfin un cyprès avec une étoile)*, cinq toiles identifiées par les éditeurs de la *Correspondance*, ne correspond pas à « *au moins 8* ». Cela suggère de nouveau que tout n'est pas revenu, en une fois, du Midi,

Il faut également considérer que Vincent a porté à Paris le 6 juillet les toiles reçues de Saint-Rémy et que Guillaumin les aura vues chez Theo.

• *Facilité de produire…*

88 • *Cela c'est absolument pourtant*
89 • *la vérité/ c'est difficile d'acquérir une certaine facilité*
90 • *de produire et en cessant de travailler je la perdrais*

Vincent s'efforce de se qualifier travailleur méritant et compétent et nous en retrouvons le reflet, ces qualités une fois reconnues par Johanna dans sa « lettre-évangile », dans la réponse de Vincent : « *la*

91 • bien plus vite/ plus
facilement que cela m'aie
coûté de peines
92 • pour y arriver.

lettre de Jo me prouve clairement que vous sentez bien que pour ma part je suis en travail et peine comme vous»,[898] et chez Theo le 25 juillet. Cesser de travailler est impensable en mai.

Pour bien s'en persuader, il faut reprendre la première lettre d'Auvers dans laquelle il dit, dilettante, qu'il donnerait *« volontiers un coup de brosse».*[873] Il n'y a pas alors de pression pour le travail, aucun besoin de montrer qu'il travaille avec acharnement, qu'il ferait tout son possible pour améliorer une situation financière qui lui paraît compromise.

Bien sûr, au cours des trois jours chez Theo, en mai, il s'est efforcé de prendre la température du marché et a entendu de son frère la sempiternelle litanie des marchands qui ne vendent jamais assez à leur goût, d'où le pessimisme qui déteint. Bien sûr, comme pour tout rescapé d'un asile de fous, on lui a recommandé dix fois – avec ta maladie ! – de se ménager, de ne pas trop en faire, d'où l'habile glissement de l'avis médical aussitôt que récolté : *« il* [Gachet] *me dit qu'il faut beaucoup travailler hardiment et ne pas du tout songer à ce que j'ai eu. »*[873] Bien sûr, on lui a aimablement conseillé de se distraire, de voir des gens. Bien sûr, tout cela fut dit à mi-mot. C'est ce à quoi il répond sereinement – *« réflexion faite»* – dans son second courrier d'Auvers, disant que tout dépend de son travail, réclamant au passage de la toile pour *travailler, chemin naturel* menant au salut écartant toute autre option – *« ce que nous ferons guère»* – pour le cas où les velléités de l'assaillir de bienveillance se maintiendraient, *« bien convaincu que telle est ton opinion et aussi celle de Jo. »* C'est le sens des mots qu'il trace :

«Auvers est décidemment fort beau. Tellement que je crois que ce sera plus avantageux de travailler que de ne pas travailler malgré toutes les mauvaises chances qui sont à prévoir dans les tableaux. C'est très coloré ici – mais comme il y a de jolis maisons de campagne bourgeoises; bien plus joli que Ville d'avray &c. à mon goût. Paraît que Desmoulins, celui qui fait le Japon, a été ici mais est reparti. [...] Je te demanderais également 10 mètres toile [...] Mon cher, réflexion faite je ne dis pas que mon travail soit bien mais c'est ce que je peux faire de moins mauvais. Tout le reste, relations avec les gens, est très secondaire parceque je n'ai pas de talent pour ça. A cela je n'y peux rien. Ne pas travailler ou travailler moins coûterait le double, voilà tout ce que je prévois SI on cherchait un autre chemin de parvenir que le chemin naturel, travailler – ce que nous ne ferons guère. Tenez si je travaille, les gens qui sont ici viendront tout aussi bien chez moi sans que j'aille les voir exprès que si je faisais des démarches pour faire des connaissances. C'est en travaillant que l'on se rencontre et ça c'est la meilleure manière. Suis d'ailleurs bien convaincu que telle est ton opinion et aussi celle de Jo. »[874]

La perspective est alors optimiste, elle aura eu le temps basculer.

• *Sombre perspective*

92 • *Et la perspective
s'assombrit/ je ne*
93 • *vois pas l'avenir heureux
du tout.*

La tristesse de nouveau déborde. Quelque chose s'est manifestement cassé. Ceci est de nouveau en contradiction avec les termes déjà soulignés des courriers des débuts d'Auvers.

• *Ecris !*

94 • *Ecris moi par retour si tu
n'as pas encore écrit*

Cette phrase, rejoint et confirme le sens du mot bel et bien *espéré* ces jours-ci, au début de la lettre, malgré le «*j'aurais*» (lignes 1 et 2). Elle suffit à prouver que la lettre n'a pas été écrite le 24 mai. Si Vincent l'avait placée en tête de sa lettre, il y a gros à parier que le classement à cette date n'aurait pas été retenu. La conviction s'est faite sur d'autres éléments autrement moins fiables, interprétés plus que lus et sa portée a été négligée. Le classement admis, on a cessé de s'intéresser au sens des mots aux implications du déplacement de la lettre.

Après avoir demandé le 21 (ou le 22) mai, en fournissant l'adresse indispensable, un mot attendu au plus tôt le 24, Vincent n'écrit pas ce jour-là 24: «*Ecris-moi par retour !*». C'est simplement impossible.

Le 24 mai Vincent *sait* que Theo n'a pas encore écrit (n'a pas envoyé d'argent), il ne peut dont le sommer ce jour-là avec un: «*si tu ne l'as pas fait*».

Disons-le autrement: Vincent, qui a suffisamment d'argent pour tenir jusqu'à la fin de la semaine, sait que Theo ne lui enverra pas d'argent avant le 25 mai, il n'attend donc pas de lettre le 24 mai. La lettre chargée qu'il a réclamée doit être *écrite* le 24 ou le 25 et attendue le 25 ou le 26.

Vincent n'écrit pas non plus cette lettre le 25, puisqu'il reçoit l'argent ce jour-là.

Vincent a écrit cette lettre le 10 juillet et aucun autre jour (à cause du *avant-hier / Gachet*) après avoir peint quatre toiles depuis son retour à Auvers le 6 au soir, il les a peintes le 7, le 8, le 9 et le 10 juillet.

L'appel à une réponse par retour à été entendu, mais c'est en juillet. Mise en cause et sommée de dire ce qu'elle veut, Johanna van Gogh a pris connaissance de la lettre de Vincent le 11 et a répondu – nécessairement après s'être accordée avec Theo le lendemain de la réception – soit le 12 juillet. La lettre de Vincent qui en accuse réception est écrite le 13 et Theo, soulagé, répond par retour et envoie de l'argent dans son courrier daté du 14.

• *A têtes reposées*

95 • *et bonnes poignées de main en pensee/ j'espererais*
96 • *qu'il y eût une possibilité de se revoir bientot à têtes*
97 • *plus reposées*

A têtes plus reposées... qu'elles ne l'étaient (*ahuris tous*), la dernière fois qu'ils se sont vus le...6 juillet.

La formule (après deux fois le mot *repos* dans la lettre) est presque la même que dans une autre écrite le 23 juillet : «*Avant qu'il y ait chance de causer affaires à tête plus reposées il y a probablement loin*»,_RM25 aussitôt repris dans la lettre qui sera envoyée le 24 : «*mais enfin causer à tête reposée nous n'y comptons même pas*»,_902 expression qui renvoie, de manière certaine dans les deux cas à la visite du 6 juillet.

Dans la seconde des deux lettres du 23 juillet, la version envoyée à Theo le 24, l'obstacle est désigné ce sont «ces dames». Elles sont Johanna et l'épouse de son frère, fautrices de tracas et de confusion.

Plus reposées... que ce jour-là, gros de menaçants orages. Theo savait sa femme fatiguée fin juin «*elle s'est beaucoup fatiguée*» et en juillet: «mais qu'on lui laisse un peu de repos, elle en avait tant besoin»_901

Vincent sait tenir une plume. Il n'a pas écrit «j'espère que nous nous reverrons», mais bien *j'espérerais qu'il y eut une possibilité de se revoir,* éventualité rendue sciemment très hypothétique, comme dans son ultime lettre, à trois jours du suicide.

Ajoutons qu'il serait bien illusoire de voir un lien avec le «*tête reposée*» du 3 juin, elle ne vient pas de la pression des affaires, mais du travail: «*déjà depuis plusieurs jours j'aurais désiré t'écrire à tête reposée mais ai été absorbé par le travail.*»_877

• • • • •

Ces commentaires sont largement inspirés de ceux que, cherchant à épuiser le sujet, nous avons échangés avec Jan Hulsker, il y a 20 ans. Ces lignes sont, en toute fraternité et en tout respect, adressées à ses mânes.

Je n'étais pas parvenu à le convaincre, mais ce grand honnête homme dédaignait si peu l'argumentaire qu'il me proposa de préfacer *L'affaire Gachet, l'audace des bandits* que je lui avais soumise, ouvrage dans lequel je défendais le classement qu'il déplorait.[9] On me pardonnera de citer quelques lignes que je lui adressais alors.

> «Dans ta lettre du 28 juin 96, page 2, point 3, tu dis ce qu'il se passerait si tu acceptais de mettre 648 [RM20] en juillet. L'essai est si peu concluant que tu dis que ça ne rime à rien au point de finir par «Mais voyons!» Pourquoi en arrives-tu à un rejet aussi certain? Pour deux raisons: l'état de santé et le nombre de toiles.
>
> Pour moi, il rentre de Paris le 6, le 7 il travaille, le 8 il travaille, le 9 il travaille et c'est pour cela qu'il peut écrire qu'il travaille dur et qu'il a quatre toiles de *ces jours-ci*. Et cela se relie parfaitement à ce que tu cites, mais aussi avec le reste de 649 [898]:
>
> je me suis remis au travail, malgré la tristesse qui fait mon pas chancelant, quatre toiles, malgré le fait que le pinceau me tombât presque des mains, trois grandes, c'est ça ma facilité de produire, sans me gêner pour exprimer de la tristesse, malgré l'incertitude sur le pain quotidien, malgré que je doive insister pour recevoir mon mois, et tout cela au fond de ma solitude extrême, de mon existence fragile, puisque Tanguy c'est fini, Gachet c'est fini, Jo c'est fini, Dries c'est fini, et peut-être même Theo aussi, mais, vous tous, vous ne comprenez pas quel peintre je suis, ces toiles vous diront ce que je ne sais dire en parole, d'où je puise ma force, toute ma force nerveuse, dans la nature, dans le caractère fortifiant de la campagne. Oh non, je ne suis pas fou, bien que ma vie soit attaquée à la racine, je vais très bien, mais je suis trop vieux pour revenir sur des pas ou pour avoir envie d'autre chose, bien que mes toiles finissent égarées dans des trous à punaises. Nous pouvons des années durant vivre ensemble sans nous ruiner de part et d'autre. Cela est absolument la vérité.
>
> Pour moi tout cela rime. Tu diras que je triche, mais si tu faisais lire cela à quelqu'un qui ne sait pas ce que j'ai pris de 648 [RM20] de 649 [898] et ce que nous savons par ailleurs, pour faire ce pastiche (que j'aurais pu relier à 647 [RM24] aussi), tu verrais à quel point c'est inextricable.»

---

9. En 1998, Hulsker contredit mes conclusions avec un article détaillé sur les lettres, pour lui jamais envoyées: Jan, *'De nooit verzonden brieven van Vincent van Gogh. De paradox van de publicatie'*, *Jong Holland* 14-4 (1998), pp. 42-52

Question subsidiaire reléguée par souci de simplification : 10 ou 11 juillet ? Rien de tangible ne semble susceptible au départ de conduire à se montrer formel. On peut imaginer qu'après avoir, en vain, espéré une lettre le matin du 10 répondant à son mot abandonné le 6 prenant acte de l'ahurissement général et de l'insupportable flou de la situation – ce qui laisse trois jours et demi pour peindre *les quatre toiles d'ici* –, Vincent s'empresse de rédiger le mot qui résume inquiétudes et désespérance. Le 10 juillet 1890 à midi est la première date butoir.

Elle est aussi la dernière. La réponse-évangile de Johanna ne peut être immédiate, s'agissant de questions délicates, une relecture de Theo semble s'imposer, mais on sait que Vincent a répondu immédiatement avec 898 au plus tard le 13, car Theo répond par retour le 14 juillet avec 900.

Les commentateurs de la *Correspondance,* qui datent 898 au 10 juillet, sur la foi du nombre de toiles peintes[10], ne manqueront pas de faire remarquer que cette lettre mentionne « *trois grandes toiles* » depuis le retour à Auvers le 6 juillet :

> « *Là – revenu ici je me suis remis au travail – le pinceau pourtant me tombant presque des mains et – sachant bien ce que je voulais j'ai encore depuis peint trois grandes toiles.* »

Il leur sera opposé qu'ils ont implicitement accepté *quatre toiles et deux dessins* au 24 mai, qu'ils acceptent avec 76 toiles peintes en 63 jours travaillés au rythme impossible, de six toiles tous les cinq jours (1,2 toile/jour !), qu'ils négligent, en plaçant 898 au 10 juillet, l'urgence d'une réponse de Theo qui n'a assurément pas attendu trois jours (!) pour répondre à 898.

Après son retour à Auvers, le 6 au soir, Vincent a peint quatre toiles qu'il mentionne le 10 dans RM20 et trois toiles « *encore depuis* » quand il écrit le 898 le 13. Cela fait une toile par jour, sept toiles : *quatre études* les 7, 8, 9 et 10 juillet RM20 et *trois grandes toiles,* ensuite, les 11, 12, 13 juillet.

La datation certaine de « RM 20 » est, en tout cas, la condition de tout commentaire averti sur ce qui a conduit Vincent au suicide

---

10. Vir l'argumentaire de datation de 898 : « Van Gogh repense à sa visite à Paris le dimanche 6 juillet, il a depuis peint trois grandes toiles. Sachant qu'à Auvers il a atteint le haut niveau de production d'environ une toile par jour, nous avons daté cette lettre des environs du 10 juillet 1898. »

cher frère & sœur,

Mon impression est
qu'étant un peu ahuris
tous et d'ailleurs tous
un peu en travail
et importe relativement
peu d'ensemble pour avoir
des définitions bien
nettes de la position
dans laquelle on se trouve.
Vous me surprenez un peu
semblant vouloir forcer
la situation étant en
désaccord.

Et puis je quoi que ce
soit — peutetre pas —
mais en je fait quelque
chôse de travers ou enfin
puis je fait chôse ven
autre que vous désireriez
Quoi qu'il en soit
en pensez encore
une bonne poignée
de main et cela m'a
quand même fait
beaucoup de plaisir
de vous revoir tous
Soyez en bien assurés
                    à vous Y.

La lettre RM20/648

Mon cher Theo & chère Jo.

de ces premiers jours ci certes j'aurais dans des conditions ordinaires espéré un petit mot de vous déjà. Mais considérant les chôses comme des faits accomplis — ma foi — je trouve que Theo, Jo et le petit sont un peu sur les dents et éreintés — d'ailleurs moi aussi suis loin d'etre arrivé à quelque tranquilité. Souvent, très souvent je pense à mon petit neveu — est ce qu'il va bien. Jo voulez vous me croire — si cela vous arrive de nouveau, ce que j'espère, d'avoir encore d'autres enfants — ne les faites pas en ville, accouchez à la campagne et restez y jusqu'à que l'enfant aye 3 ou 4 mois. A présent — il me semble que l'enfant n'ayant encore que 3 mois, déjà le lait devient rare, déjà vous etes comme Theo fatiguée trop.

Je ne veux pas dire du tout éreintée mais enfin les ennuis prennent trop de place, sont trop nombreux et vous semez dans les épines. C'est pourquoi que je vous donnerais à penser de ne pas aller en Hollande cette année ci, c'est très très couteux toujours le voyage et jamais cela a fait du bien. Si, cela fait du bien si vous voulez à la mère qui aimera à voir le petit — mais elle comprendra et préférera le bien être du petit au plaisir de le voir. D'ailleurs elle n'y perdra rien, elle le verra plus tard. Mais — sans oser dire que ce soit assez — quoi qu'il en soit il est certes préférable que père, mère et enfant prennent un repos absolu d'un mois à la campagne.

D'un autre côté moi aussi je crains beaucoup d'être ahuri — et trouve étrange que je ne sache aucunement sous quelles conditions je suis parti — si c'est comme dans le temps à 150 par mois en trois fois — Theo n'a rien fixé et donc pour commencer je suis parti dans l'ahurissement.

— Y aurait-il moyen de se revoir encore plus calme — je l'espère. mais le voyage en Hollande, je redoute que ce sera un comble pour nous tous.

Je prévois toujours que cela fait souffrir l'enfant plus tard d'être élevé en ville. Est ce que Jo trouve cela exagéré. Je l'espère mais enfin je crois que pourtant il faut être prudent. Et je dis ce que je pense parceque vous comprenez bien que je prends de l'intérêt à mon petit neveu et tiens à son bien être; puisque vous avez bien voulu le nommer après moi, je desirerais qu'il eût l'âme moins inquiete que la mienne. qui sombre.

Parlons maintenant du Dr Gachet. J'ai été le voir avant hier, je l'ai pas trouvé.

De ces jours ci je vais très bien, je travaille dur et ai quatre études peintes et deux dessins.

Tu verras un dessin d'une vieille vigne avec une figure de paysanne. Je compte en faire une grande toile.

Je crois qu'il ne faut aucunement compter sur le Dr Gachet. D'abord il est plus malade que moi à ce qu'il m'a paru, ou mettons juste autant, voilà. Or lorsqu'un aveugle mènera un autre aveugle, ne tomberont ils pas tous deux dans le fossé.

Je ne sais que dire. Certes ma dernière crise, qui fut terrible, était due en considérable partie à l'influence des autres malades, enfin, la prison m'écrasait et le pere Peyron n'y faisait pas la moindre attention, me laissant vegeter avec le reste corrompu profondément.

Je peux avoir un logement, 3 petites pieces à 150 par an. Cela si je ne trouve pas mieux, et j'espère trouver mieux, en tout cas est preferable au trou à punaises chez Tanguy et d'ailleurs j'y trouverais un abri moi-meme et pourrais retoucher les toiles qui en ont besoin. De telle facon les tableaux s'abimeraient moins et en les tenant en ordre la chance d'en tirer quelque profit augmenterait. Car — je ne parle pas des miennes — mais les toiles Bernard, Prevot, Russell, Guillaumin, Jeannin qui s'etaient egarés là — c'est pas leur place.

Or des toiles comme celles là — encore une fois des miennes je ne parle pas — c'est de la marchandise qui a et gardera une certaine valeur et la negliger c'est une des causes de notre gène mutuelle.

Cela m'attriste bien un peu de devoir insister sur ce que tu m'envoies une partie au moins de mon mois dès le commencement. Mais je ferai encore mon possible de trouver que tout va bien.

Il est certain je crois que nous songeons tous au petit et que Jo dise ce qu'elle veut, Theo comme moi j'ose croire se rangeront à son avis. Moi je ne peux dans ce moment que dire que je pense qu'il nous faut du repos à tous. Je me sens — raté — voilà pour mon compte — je sens que c'est là le sort que j'accepte. et qui ne changera plus. Mais raison de plus, mettant de côté toute ambition nous pouvons des années durant vivre ensemble sans nous ruiner de part ou d'autre.

Tu vois qu'avec les toiles qui sont encore à St Remy, il y en a au moins 8, avec les 4 d'ici je cherche à ne pas perdre la main. Cela c'est absolument pourtant la vérité, c'est difficile d'acquerir une certaine facilité de produire et en cessant de travailler je la perdrais bien plus vite, plus facilement que cela m'aie coûté de peines pour y arriver. Et la perspective s'assombrit, je ne vois pas l'avenir heureux du tout.

Ecris moi par retour si tu n'as pas encore écrit et bonnes poignées de main en pensée, j'espererais qu'il y eût une possibilité de se revoir bientot à têtes plus reposées.

Vincent.

Les dates de la *Correspondance* d'Auvers[11]

Il est sans doute bien superflu de s'en formaliser, mais l'exil en *Related manuscripts* de certaines lettres, sous prétexte qu'elles n'auraient pas, de l'avis des éditeurs de l'édition, été achevées ou envoyées est une grande erreur. Si l'on peut comprendre le placement à part de fragments inclassables, l'intérêt, pour un lecteur de la *Correspondance,* est de connaître ce qui a été écrit et sauvegardé. Conséquence de l'étroitesse d'esprit qui exige parfois une signature et un envoi pour qu'une lettre soit déclarée *lettre,* six écrits, classés de RM20 à RM25, n'apparaissent pas dans la *Correspondance* d'Auvers aux 31 entrées.

Si l'on veut bien considérer que trois missives ont, la chose est certaine, atteint leurs destinataires, la bévue sera manifeste. Elle devient éclatante quand on sait que la lettre – avec en-tête et signature, expédiée, à laquelle il fut répondu – la plus importante pour comprendre ce qui précipite le suicide de Vincent fait parie des exilées. Elle a été par surcroît mal datée, donc mal classée et vidée de son sens. Le brouillon de la dernière lettre à Theo, lui aussi rangé dans les réserves, est également de la plus haute importance pour saisir ce qui oppose les deux frères et le suicide.

Le classement ici proposé reprend la nomenclature de l'édition de la *Correspondance* de 2009. Il réintègre les bannies et dispute les dates non satisfaisantes, parfois clairement erronées.

---

11. J'ai placé ces propositions de dates pour la correspondance auversoise dans mon opuscule *Le petit chat est mort,* mais leur présence semble également s'imposer ici.

873/635
20 mai

To Theo van Gogh and Jo van Gogh-Bonger.
Auvers-sur-Oise, Tuesday, 20 May 1890.
Cette date peut être tenue pour certaine pour diverses raisons.
Il n'est pas possible de la reculer dans le temps.

874/636
21 mai

To Theo van Gogh and Jo van Gogh-Bonger.
Auvers-sur-Oise, on or about Wednesday, 21 May 1890.
L'incertitude est levée par le contenu et la lettre suivante
à Theo disant combien de toiles sont peintes, métronome
d'Auvers. Le 22 mai pourrait également convenir.

RM19/W21
23 mai

To: Willemien van Gogh Auvers-sur-Oise, on or
about Wednesday, 21 May 1890
Lettre du début d'Auvers avant d'avoir revu Gachet le 25 mai.
La date du 23, choisie arbitrairement est une «bonne date».
Faute d'avoir assez à dire à sa petite soeur, il laisse en suspens ce début qui restera un
brouillon.

RM20/614 ª
24 mai

To Joseph Isaäcson
Auvers-sur-Oise, Sunday, 25 May 1890
Brouillon immédiatement antérieur à la lettre à Isaäcson joint à
celle de Theo du 25. 24 mai est une « bonne date ».

875/637
25 mai

To Theo van Gogh and Jo van Gogh-Bonger.
Auvers-sur-Oise, Sunday, 25 May 1890.
Vincent attendait au plus tôt la lettre de Theo dimanche. Les
observations météorologiques rendent cette date fiable.

876/T35
2 juin

Theo van Gogh to Vincent van Gogh.
Paris, Monday, 2 June 1890.
Lettre datée par Theo. Aucune raison de remettre en cause, elle
permet de caler d'autres courriers.

877/638
3 juin

To Theo van Gogh.
Auvers-sur-Oise, Tuesday, 3 June 1890.
Ce matin, arrive ta lettre, mots accusant réception de la lettre écrite
par Theo la veille, suffit à dater.

878/639
5 juin

To *Anna van Gogh-Carbentus.*
Auvers-sur-Oise, Thursday, 5 June 1890.
Comme pour la suivante, la date est donnée par sa réception le 6 par Moe et Wil. Elle est certaine.

879/W22
5 juin

To *Willemien van Gogh.*
Auvers-sur-Oise, Thursday, 5 June 1890.
Comme pour la précédente, la date est donnée par la réception le 6 par Moe et Wil. Elle est certaine.

880/T36
5 juin

Theo van Gogh to Vincent van Gogh.
Paris, Thursday, 5 June 1890.
Theo date sa lettre il n'y a pas de raison de supposer qu'elle ait pu être envoyée plus tard.

RM22/--
9 juin

To *Vincent van Gogh*
Auvers-sur-Oise, probably June-July 1890
Ce billet de Gachet, écrit un lundi, ne peut, pour cause de brouille en juillet, dater que de juin 1890, soit les 2, 9, 16, 23, 30. Diverses raisons intrinsèques rendent les autres dates improbables, validant le 9. *Maître,* trop manifeste flagornerie du docteur à la notoire cupidité, qui n'a pas vu achevé le portrait que Vincent a commencé de lui le mardi précédent, vient aux nouvelles. Il peut s'estimer d'autant plus qualifié pour obtenir le *Portrait* en retour qu'il a, la veille, reçu à déjeuner Vincent, Theo, Johanna et l'enfant.

881/640
10 juin

To *Theo van Gogh and Jo van Gogh-Bonger.*
Auvers, Tuesday, 10 June 1890.
Rédaction antérieure à la réception de la lettre de Marie Ginoux datée du 10 reçue le 11.

882/---
10 juin

Marie Ginoux-Julien to Vincent van Gogh.
Arles, Tuesday, 10 June 1890.
Vincent répondra immédiatement à cette lettre des Ginoux reçue le lendemain. Date acquise.

883/640a
11 juin
To Joseph and Marie Ginoux.
Auvers-sur-Oise, Wednesday, 11 June 1890.
Vincent y dit : *de suite je veux répondre* à la lettre de Mme Ginoux, reçue le 11.

884/G41
13 juin
Paul Gauguin to Vincent van Gogh.
Paris, on or about Friday, 13 June 1890.
Gauguin a manifestement porté à Theo cette lettre qu'il lui a demandé d'envoyer à Vincent dont il ne connaît pas l'adresse, 13 juin est une « bonne date ».

885/641a
13 juin
To Anna van Gogh-Carbentus.
Auvers, Friday, 13 June 1890.
Une formule identique à celle de la lettre aux Ginoux *obscurément comme dans un miroir* "tire" la lettre vers le 11 juin. Mais, 886/W23 simultanée la "pousse" à cause de *Une étude dans le genre de la Moisson* qu'il a peinte la veille les ondées du 12 juin, la datent au 13.

886/W23
13 juin
To Willemien van Gogh.
Auvers, Friday, 13 June 1890.
Même date que 885 pour de très bonnes raisons. Envoyée avec celle pour *Moe*.

887/641
14 juin
To Theo van Gogh.
Auvers-sur-Oise, Saturday, 14 June 1890.
Lettre datée par *samedi, donc aujourd'hui*, information liée à l'envoi des meubles.

888/T37
15 juin
Theo van Gogh to Vincent van Gogh.
Paris, Sunday, 15 June 1890.
Séquelle hollandaise, Theo confond juin et juillet, *juni et juli* a d'abord écrit « juillet » il faut retenir 15 juin et non 15 juillet, ainsi que tout le monde en convient.

889/642
18 juin
To Theo van Gogh.
Auvers-sur-Oise, Tuesday, 17 June 1890.
Vincent dit ta lettre d'avant-hier. Cela ne renvoie pas, à la date d'écriture de la lettre elle-même, mais à la date de réception, qui sert de référence pour Vincent. 17 juin n'est donc pas recevable.

RM23/643
19 juin
To Paul Gauguin
Auvers-sur-Oise, on or about Tuesday, 17 June

Les croquis renvoient à 767 également évoquée dans la lettre de Theo du 18 lettre de Theo. Mais après elle qui ne mentionnait pas les toiles venues de Saint-Rémy avant le 23. On ne sait quand Vincent, qui conservera ce brouillon, enverra la lettre qui répondra à la lettre de Gauguin reçue le 18, mais divers éléments autour de la réponse de Gauguin (reçue entre le 28 juin et le 2 juillet, très probablement le 30) permettent de déduire que l'envoi aura lieu aux alentours du 22. La réponse de Vincent a sans doute été différée dans l'attente que Gauguin soit arrivé en Bretagne. Voir le *Gauguin y va de Theo* du 18.

890/T38
23 juin
Theo van Gogh to Vincent van Gogh.
Paris, Monday, 23 June 1890.

la lettre est datée, il n'y a pas d'ambiguïté

891/644
24 juin
To Theo van Gogh.
Auvers-sur-Oise, Tuesday, 24 June 1890.

Réponse à la lettre de Theo reçue le jour même, 24. Confirmé par le fait que Gachet, qui *doit venir*, n'est plus à Auvers à partir du mercredi.

892/G42
29 juin
Paul Gauguin to Vincent van Gogh.
Le Pouldu, on or about Saturday, 28 June 1890.

est une meilleure date, avec une réception de cette lettre par Vincent le 30.

893/645
28 juin
To Theo van Gogh.
Auvers-sur Oise, Saturday, 28 June 1890.

Date donnée par une lettre de Theo à sa mère du lendemain l'évoquant. Vincent a vu le docteur, de retour le samedi soir, qui lui a promis de faire poser sa fille une seconde fois après le *Portrait de Marguerite* des 26 et 27 juin.

894/T39
1 juil.
Theo van Gogh to Vincent van Gogh.
Paris, Monday, 30 June and Tuesday, 1 July 1890.

Theo a terminé ce jour-là sa lettre commencée la veille, 30 juin, et ainsi datée. La date d'achèvement est ici retenue.

895/--

1 juil.

Théophile Peyron to Vincent van Gogh.
Saint-Rémy-de-Provence, Tuesday, 1 July 1890.
Lettre datée par Peyron de ce jour-là.

896/646

2 juil.

To Theo van Gogh and Jo van Gogh-Bonger.
Auvers-sur-Oise, Wednesday, 2 July 1890.
Réponse par retour de courrier à la lettre de Theo reçue le même jour. Date certaine.

897/T40

3 juil.

Theo van Gogh to Vincent van Gogh.
Paris, Saturday, 5 July 1890.
Theo répond immédiatement à Vincent et date sa lettre du 5 juin avant de ne corriger que le mois. Il n'a pas pu écrire le samedi 5 (dans une lettre que Vincent ne peut pas recevoir avant le lendemain, dimanche 6), «viens donc si tu veux dimanche par le premier train.» Cette lettre qui commence par *Merci bien de ta lettre* (reçue le 3 juillet) a été écrite dès réception.

RM24/647

6 juil.

To Theo van Gogh and Jo van Gogh-Bonger
Auvers-sur-Oise, Monday, 7 July 1890
Il ne s'agit pas d'un courrier d'Auvers, non envoyé, mais d'un mot, signé «V.», abandonné par Vincent à Paris, en l'absence de Theo et Johanna, avant de repartir pour Auvers le dimanche soir. Vincent donnera plus tard les raisons de son départ précipité.

RM20/648

10 juil.

To Theo van Gogh and Jo van Gogh-Bonger
Auvers-sur-Oise, Saturday, 24 May 1890
La date du 24 mai est une erreur de Hulsker reprise par tous. Elle est intenable. J'ai détaillé mes raisons dans *Vincent s'est tu* et plus en détail dans ce livret.

898/649

13 juil.

To Theo van Gogh and Jo van Gogh-Bonger.
Auvers-sur-Oise, on or about Thursday, 10 July 1890.
Date certaine. Vincent a pris Johanna à partie dans sa lettre du 10 reçue à Paris le 11. Johanna qui ne peut répondre sans soumettre à Theo, répond le 12. Vincent lui répond ici par retour le 13. Les circonstances exigent cette réponse immédiate.

899/650
To Anna van Gogh-Carbentus and Willemien van Gogh.
Auvers-sur-Oise, between about 10 and 14 July 1890.

14 juil.
Cette lettre est postérieure à 898 du 13 qui dit : *j'ai ce matin une lettre d'elles et répondrai sous peu.* Elle évoque des champs de blés mentionnés dans la lettre à Theo. Elle peut dater du 13, mais plus probablement du lendemain. Il n'y a apparemment pas de raison de penser que Vincent ait tardé à répondre.

900/T41
Theo van Gogh to Vincent van Gogh.
Paris, Monday, 14 July 1890.

14 juil.
Cette lettre est datée du 14 juillet et les informations croisées confirment.

901/T41a
Theo van Gogh to Vincent van Gogh.
Paris, Tuesday, 22 July 1890.

22 juil.
Cette lettre tardivement rendue publique est également datée. Sa date permet de proposer celle des deux courrier suivants.

RM25/652
To Theo van Gogh.
Auvers-sur-Oise, Wednesday, 23 July 1890

23 juil.
Brouillon de la lettre suivante, du même jour, jadis considéré comme la dernière lettre, car Theo avait écrit l'avoir trouvée sur Vincent « lettre qu'il portait sur lui le 27 juillet jour du sinistre »

902/651
To Theo van Gogh.
Auvers-sur-Oise, Wednesday, 23 July 1890.

23 juil.
… merci de ta lettre d'aujourd'hui, renvoyant à la lettre de Theo du 22 reçue le 23, rend la date de début de rédaction certaine. On doit également souligner que son achèvement a pu avoir eu lieu le lendemain, car Theo l'a reçue le 25. « Il a eu une lettre de Vincent que je trouve de nouveau incompréhensible.»[2029] Sa lettre de la veille à Johanna ne la signale pas, mais Theo écrit ce jour-là de son travail, cela ne fournit pas d'indication. En revanche, juste après avoir évoqué le contenu de la lettre de Vincent, Theo écrit : « J'ai aussi reçu une bonne lettre de Moe ce matin avec quelques mots de Wil »,[2029] suggérant une réception simultanée ce jour-là. Il est toutefois possible que Theo passe du coq à l'âne et que le « aussi » renvoie à la lettre reçue de Johanna ce matin-là évoquée au début de son courrier : « Ta charmante lettre est arrivée tôt ce matin », ce qui retient d'être absolument formel.

Le jour de l'oreille coupée
La date de la lettre 724 (ex 565)
23 ou bien ± 11 décembre 1888 ?

Tout avait basculé bien avant le suicide. La mutilation du 23 décembre 1888 – pourquoi céder aux sirènes de l'insipide vidant toujours tout de son sens ? – est un détournement de la lame qui se voulait fatale. Vincent vivra dix-neuf mois avant de s'en prendre de nouveau, et définitivement, à lui-même. On ne convaincra probablement personne en expliquant que la révision de l'histoire des deux frères, aux conditions des héritiers de Theo, a conduit tous les chercheurs sur de fausses pistes, tant pour les très nombreuses investigations sur la maladie de Vincent et la façon dont il la vivait, que pour la perception de sa personnalité ou pour des choses aussi triviales que la datation des lettres.

Volens nolens, la caractéristique commune des études est l'acceptation de la fusion des deux frères van Gogh et la sous-estimation de la chose la plus élémentaire qui résonne pourtant à chaque page de la *Correspondance*, l'opposition qui naît fatalement de la dépendance financière, fabriquant une situation intenable à terme. La condition de la survie de Vincent, qui a délaissé toute solution alternative, est l'aide de Theo. Lorsqu'elle est menacée, il est en danger de mort. Travailleur précaire, prolétaire vrai réduit à sa force de travail, ayant passé un contrat bâtard avec son employeur de frère, il ne peut ignorer que, le jour où Theo aura une autre priorité, leur aventure commune prendra fin. Theo gagne bien sa vie, mais il est sans fortune aucune si l'o fait exception de ce que ses patrons lui doivent, il lui faudra nécessairement choisir, si la question se pose, entre la peinture, dont Vincent est la personnification et sa future, la partenaire de « la vraie vie »[12]

12. Voir, pour ce que Vincent entend par « *vraie vie* », par opposition à *la vie artistique* les lettres 595, 603, 611, 635,

J'ai déjà montré dans divers ouvrages, dont : *Et Vincent s'est tu…*, que la décision de «laisser tomber» Vincent à terme, prise par Theo et Johanna, précipite l'issue fatale. Il faut également montrer que l'oreille est coupée le jour où Vincent apprend que son frère va se marier.

Dans un ouvrage récent,[13] le journaliste anglais Martin Bailey suppose que Vincent a reçu la lettre annonçant le mariage avant l'oreille coupée, il n'en apporte malheureusement pas la preuve, pourtant à portée de main. Il faut donc épuiser cette question, chose que j'ai faite il y a vingt ans sans pour autant prendre le soin de le formaliser pour des observateurs non spécialistes.

Le 12 avril 1996, Hulsker m'avait adressé un article en projet,[14] disant :

> «J'ai démontré que d'une part les fiançailles n'avaient pas pu constituer une surprise pour Vincent, qui savait déjà, depuis 1886, que Theo pensait à un mariage avec Jo Bonger, que d'autre part, il ne pouvait pas encore savoir, le 23 décembre 1888, que Theo s'était alors véritablement engagé avec elle. »

J'avais aussitôt exprimé mon désaccord disant que Vincent avait nécessairement été averti par la lettre de Theo du 22 décembre, mais Hulsker n'avait pas été convaincu et m'avait répondu le 19 avril 1996 :

```
Jan Hulsker                    Victoria B.C., 19 avril 1996
Victoria B.C.

3. Absolument pas d'accord avec toi que Vincent a pu apprendre des
détails sur la réconciliation avec les Bonger par la lettre de Theo
à laquelle il répond le 23 décembre 1888 avec la lettre 565. Dans sa
réponse il n'en souffle pas mot. Theo a voulu d'abord en parler avec
sa mère. 21 décembre: il lui demande d'approuver qu'il épouse Jo
Bonger.
24 décembre, à Lies: "Je bent een van de eersten aan wie ik een
zeer groot nieuws kom vertellen..." etc. Note bien: "Zij gaat a.s.
woensdag naar Amsterdam terug en ik denk in de eerste dagen van
januari ook daarheen te gaan om ons engagement publiek te maken."
Je souligne cela parce que tu doutes de tout dans cette affaire et
tu sembles oublier que nous parlons de 1888.
```

Jan Hulsker Victoria B.C., le 19 avril 1996

3. Absolument pas d'accord avec toi que Vincent a pu apprendre des détails sur la réconciliation avec les Bonger par la lettre de Theo à laquelle il répond le 23 décembre 1888 avec la lettre 565. Dans sa réponse, il

---

801 et ce passage : *« Ce qui n'est pas le bonheur et pas la vraie vie mais que veux tu, même cette vie artistique que nous savons ne pas être la vraie me paraît si vivante et ce serait ingrat que de ne pas s'en contenter. »* (602)

13. Martin Bailey, *Studio of the South: Van Gogh in Provence*, Frances Lincoln, 1.11.2016.

14. Il m'avait adressé son projet de l'article bientôt publié : Jan Hulsker, 'De Van Goghs en de Bongers', Jong Holland 2 (1996) 44-53.

n'en souffle pas mot. Theo a voulu d'abord en parler avec sa mère. 21 décembre: il lui demande d'approuver qu'il épouse Jo Bonger

24 décembre à Lies : «Tu es l'un(e) des premiers(mières) à qui je viens apporter une très grande nouvelle…» etc. Note bien «Elle retourne dès mercredi à Amsterdam et je pense y aller dès les premiers jours de janvier pour rendre nos fiançailles publiques.» Je souligne cela parce que tu doutes de tout dans cette affaire et tu sembles oublier que nous sommes en 1888.»

La compréhension de Hulsker s'est combinée à une bévue de Ronald Pickvance et une autre du chercheur allemand Roland Dorn et ces trois méprises conjuguées ont servi de référence. Les éditeurs de la *Correspondance* les ont reprises pour la nouvelle nomenclature qui transforme l'ex-lettre 565 en lettre 724 et avance sa date aux environs du 11 décembre.[15]

• *Cette lettre, d'abord* :

Mon cher Theo

Je te remercie beaucoup de ta lettre, du billet de 100 fr. y inclus et egalement du mandat de 50 fr.

Je crois moi que Gauguin s'était un peu découragé de la bonne ville d'Arles, de la petite maison jaune où nous travaillons et surtout de moi.

En effet il y aurait pour lui comme pour moi des difficultés graves à vaincre encore ici.

Mais ces difficultés sont plutôt en dedans de nous mêmes qu'autre part.

En somme je crois moi qu'ou bien il partira carrément – ou bien qu'il restera carrément. Avant d'agir je lui ai dit de réfléchir et de refaire ses calculs.

Gauguin est très fort, très créateur, mais justement à cause de cela il lui faut de la paix.

La trouvera-t-il ailleurs s'il ne la trouve pas ici.

J'attends qu'il prenne une décision avec une sérénité absolue.– Bonne poignée de main.

Vincent

---

15. http://vangoghletters.org/vg/letters/let724/letter.html#date "Lettrer 726 used to be placed before 724, but we think – as do Pickvance, Merlhès and Dorn – that the order of these letters should be reversed. See exhib. cat. New York 1984, p. 262; Merlhès 1989, pp. 226-227; and Dorn 1990, pp. 525-527."

• Le raisonnement de Ronald Pickvance

Remarquant, dans la lettre 736 du 17 janvier, que Vincent avait reçu le 23 décembre 100 francs de Theo, Pickvance, dans son *Van Gogh in Arles*[16] en déduisait que Vincent n'avait pas reçu 150 francs ce jour-là et donc que la lettre 724 «*Je te remercie beaucoup de ta lettre, du billet de 100 fr. y inclus et également du mandat de 50 fr.*» ne pouvait pas dater du 23.

Ce raisonnement (qui entendait conduire au placement de la lettre 724 au 16 ou 17 décembre, bien que Vincent ne puisse attendre d'argent de Theo à cette date) part de l'idée que les 50 francs du mandat et les 100 francs seraient arrivés ensemble.

Rien ne le garantit, loin s'en faut. Le mandat de 50 francs a pu être antérieur, Vincent ne remerciant qu'alors. Accuser réception d'un mandat n'a pas le caractère d'urgence d'un remerciement pour une lettre chargée. D'éventuels perte ou vol impliquent une réaction rapide pour une réclamation. Envoyer simultanément un mandat et une lettre semble bien étrange.

Le déplacement proposé par Pickvance néglige le problème du montant l'allocation qu'il induit. A le suivre, Vincent aurait ainsi reçu 100 francs le premier décembre, 150 francs ensuite, puis 100 francs le 23 : soit 350 francs. Beaucoup plus qu'à l'ordinaire, et sans remerciement particulier. Vincent, a par exemple, reçu 250 francs en novembre – et non 300 comme il a été dit, car il a été déduit de : «*Gauguin et moi te remercions beaucoup de ton envoi de 100 fr. et également de ta lettre*»[717] que les 100 francs du 3 novembre étaient pour le seul Vincent alors que ses remerciements sont explicitement au nom des deux destinataires.

• L'objection de Victor Merlhès

Victor Merlhès, le spécialiste de la correspondance de Gauguin, qui s'est également interrogé sur la datation de cette lettre[17], mais de manière plus subtile en proposant une «hypothèse séduisante», rejette la conclusion de Pickvance, sans en mentionner l'origine, et plaide pour l'indécision : «aussi demeure-t-il prudent et honnête de ne pas masquer cette incertitude d'une fausse assurance».[18]

16. Ronald Pickvance, Catalogue de l'exposition *Van Gogh in Arles*. Met publications, 1984.
17. Victor Merlhès, *Paul Gauguin et Vincent van Gogh, 1887-1888 : Lettres retrouvées sources ignorées*, 1989
18. Contrairement à ce qu'affirment les éditeurs de la *Correspondance*, voir *supra* note 15, Merlhès ne

Son hypothèse, qui place 724 avant la visite à Montpellier semble logique, mais Merlhès souligne divers obstacles et insiste pour dire qu'elle ne résout pas mieux que l'autre la question du mandat. Il émet l'hypothèse qu'il aurait pu parvenir à Vincent «deux ou trois jours» avant les 100 francs. Rien n'indique que ce délai, seulement plausible, soit fondé, d'autant que Vincent n'avait plus en caisse, le 23 décembre, que « *un louis et 3 sous*».[736]

Merlhès soulève bien l'autre argument de datation, le projet de départ d'Arles de Gauguin, mais son commentaire n'épuise pas les contradictions intrinsèques et ne soutient pas son hypothèse.

On peut supposer comme il le fait, avec les précautions d'usage, qu'une lettre de Vincent du 13 ou 14 décembre aurait été perdue, mais cela ne résout rien du strict point de vue de l'argent, car si Vincent avait accusé réception d'une lettre chargée, au moins cinquante francs, on dépasserait plus largement encore le montant de l'allocation du mois.

• *Isoler les éléments acquis*

Une première chose est certaine Vincent (dont on ne connaît aucune lettre à son frère accusant réception d'argent entre le premier décembre et cette lettre, alors qu'il a nécessairement reçu de l'argent avant la mi-décembre) remercie dans une même lettre de deux versements distincts.

Nous avons une date certaine, l'envoi de Gauguin au 22 décembre d'une lettre à Emile Schuffenecker commençant par : «Vous m'attendez à bras ouverts je vous en remercie mais malheureusement je ne viens pas encore», postée d'Arles le soir de ce jour-là, après 22 heures. Les remerciements renvoient à une lettre reçue de Schuffenecker, nécessairement peu auparavant, qui lui garantissait le gîte. Nul doute que Schuffenecker répondait ainsi a une demande d'hébergement de Gauguin – demande d'hébergement qui n'a de sens que si Gauguin a annoncé à Schuffenecker son intention de quitter Arles. Cette intention figure en clair dans une lettre non datée de Gauguin disant à Theo : « Tout calcul fait je suis obligé de rentrer à Paris… ».[191]

Du fait de la concomitance et de l'urgence, il est logique de déduire que la décision de quitter Arles suppose d'en avertir Theo, bailleur dont Gauguin

partage pas la certitude d'Amsterdam, il a simplement risqué une hypothèse.

est devenu l'obligé, et simultanément, de préparer les conditions d'un accueil chez Schuffenecker.

Il s'en déduit que les lettres à Theo et à Schuffenecker ont été simultanément envoyées et qu'elles contenaient des mots voisins. L'urgence induite par la nécessité de trouver un lieu d'accueil implique une réponse rapide de Schuffenecker (appel au secours) et également une réponse urgente de Gauguin (on ne laisse pas languir quelqu'un qui a répondu favorablement, «à bras ouverts», donc sans délai à une demande de secours).

On datera donc la lettre perdue, de Gauguin à Schuffenecker qui disait en substance «Pouvez-vous m'héberger ?», du 20 décembre ainsi que la lettre, toujours en substance «je ne supporte plus» à Theo. La réponse «quand vous voulez», perdue, de Schuffenecker se date du lendemain. Peu importe que ces dates soient exactes au jour près, il faut simplement insister sur le délai fatalement court et rejoindre l'observation de Merlhès mesurant l'incohérence qu'il y a à avancer les dates «Gauguin eût-il tant attendu pour remercier d'une lettre chaleureuse qui répondit sans doute par retour à sa pressante demande d'hospitalité ?»[19]

• *Les commentaires de la Correspondance*

Dans le commentaire justifiant leur placement de la lettre 724 aux alentours du 11 décembre 1888, les éditeurs de la *Correspondance* expliquent que conserver l'ancienne date (nécessairement, le 23 décembre, troisième versement du mois) voudrait dire que Vincent n'a pas remercié pour le second versement (sans envisager que Vincent puisse remercier là de deux versements distincts). Cette lettre est, en toute incohérence, transformée en accusé de réception du «second versement».

Les éditeurs des *Lettres* voient confirmée leur «supposition» de l'envoi dans la même enveloppe de la lettre de Gauguin annonçant à Theo sa décision de retourner à Paris «que je quitte à regret, mais je vous le répète c'est nécessaire». Ils ignorent ainsi la contradiction patente entre les mots rendant compte d'une décision arrêtée «ma résolution» et le contenu de la lettre de Vincent.

Ses mots situent la décision de départ de Gauguin dans le passé «*Je crois moi que Gauguin s'était* [c'est moi qui souligne] *un peu découragé de la bonne ville d'Arles,*

19. Merlhès *op. cit.* p. 227

de la petite maison jaune où nous travaillons et surtout de moi». Ce passé apparaît révolu : « *Avant d'agir je lui ai dit de réfléchir et de refaire ses calculs»* [cemqs] *et enfin la décision de Gauguin n'est pas pour Vincent arrêtée* : « *J'attends qu'il prenne une décision* [cemqs] *avec une sérénité absolue».*

On notera que «refaire ses calculs» est le propos miroir de «tous calculs faits» et la remise en cause est par définition postérieure à la cause. On en déduit que *Vincent avait lu le mot de Gauguin* annonçant à Theo son intention de quitter Arles, tous calculs faits, dont il reprend la formule. «*Il lui faut de la paix»*[727] est la reprise de : «lui comme moi avons besoin de tranquilité* pour notre travail» de Gauguin à Theo.

Mais les choses ont changé, Gauguin a entendu l'appel au renoncement à son projet « du coeur excellent qui est malade qui souffre et me demande » et a décidé de différer, «malgré quelque discorde.»[193]

Tout donc, l'argent (les rédacteurs de la correspondance disent que Vincent a reçu de Theo «300 francs» en décembre dans leur *Financial backgrounds*, mais leur placement de 724 au 11, leur imposerait de dire «350 francs» reçus ce mois-là[20]) ; les versements confondus (les remerciements sont pour deux et non un) ; les délais (décision de départ et ajournement) et le contexte, s'oppose à la date du 11 décembre.

On ne peut conserver cette datation erronée et l'on doit replacer la lettre au 23 décembre, seule possibilité alternative.

Avec ce rejet des arguments et le retour à la datation précédente, les faits deviennent cohérents.

Vincent et Gauguin vont ensemble à Montpellier *après* que Gauguin a envisagé son départ. Ils se sont réconciliés et peuvent mener cette excursion (un imminent départ de Gauguin l'eût gâchée / empêchée, pour ne pas dire que le renoncement la provoque). C'est parce que l'entente est restaurée que Vincent écrit, après Montpellier, «*Gauguin me disait ce matin lorsque je lui demandais comment il se sentait : 'qu'il se sentait revenir sa nature ancienne'»*[726]

L'entente cordiale conduit Gauguin à abandonner à Vincent le soin de raconter à Theo la visite Montpellier. C'est parce qu'il a différé son retour (qui reste à l'état latent) que Gauguin écrit paisiblement à Schuffenecker le

20. Selon le relevé des commentateurs du musée Van Gogh les versements de l'année 1888 seraient les suivants : "1888 : 2,300 + 300 ('borrowed' from Theo) + 300 (November and December) = 2,900 francs

22 et fatalement à la même époque à Theo pour lui dire : « Veuillez considérer mon retour à Paris comme imaginaire... » $_{192}$). C'est enfin parce que Gauguin refait ses calculs que Vincent est serein le 23 décembre à midi.

• *Au musée Fabre*

Cette chronologie implique de ne pas se satisfaire de la date 16-17 décembre, proposée pour l'aller et retour à Montpellier par Merlhès[21] « La date de leur passage à Montpellier n'est elle-même pas fixée, mais il n'est pas douteux qu'elle ait eu lieu entre le 16 et le 19 décembre, et plus probablement le 16 ou le 17 jours normaux d'ouverture du musée Fabre qui motive la venue des deux peintres ».

Cette date présumée de la visite, transformée en quasi certitude par les conservateurs de Chicago et le musée Van Gogh 2001, et par les commentateurs de la *Correspondance* en 2009, tandis que Pickvance avait proposé *day visit*, 17-18 décembre,[22] repose sur la consignation dans le guide *Baedeker* de l'ouverture au public les dimanches et lundis et de la superposition de l'horaire du train probablement pris ce jour-là. Rien n'indique cependant que Gauguin sussent les horaires d'ouverture du musée Fabre.

« Pour y avoir exécuté quatre ans plus tôt une toile de Delacroix, Gauguin connaît bien ce musée... » note Merlhès,[23] *Gauguin devait donc bien savoir qu'il était, de fait, ouvert tous les jours...* est-on tenté d'ajouter – ce que le *Baedeker* précise d'ailleurs, assortissant de restrictions.

Nous n'avons soudain plus de repère tangible pour la date de l'excursion à Montpellier et nous devons en déduire une de ce que nous savons, les lettres de Gauguin disant (simultanément) à Theo et à Schuffenecker le renoncement à quitter Arles, une est datable, celle à Schuffenecker du 22 décembre qui est aussi le lendemain soir du retour de Montpellier (puisque Vincent dit dans « *hier été à Montpelier* »$_{726}$ et « *ce matin je demandais à Gauguin* ».$_{726}$ L'escapade montpellieraine aurait ainsi eu lieu le 21 décembre, conduisant à dater les deux lettres du même jour : 192, de Gauguin : « Nous avons été à Montpellier et Vincent vous écrit ses impressions » et, 726 (ex-564) Vincent contenant ces impressions, envoyées cette fois dans la même enveloppe, le 22 décembre. Les

21. Merlhès 1989 *op. cit.,* pp. 227-228
22. Pickvance, 1984, *op. cit.* p. 195
23. Merlhès, 1989, *op. cit.* p. 228

impressions détaillées de Vincent expliqueraient aussi le caractère laconique de 724 le lendemain et l'oubli de remercier pour le mandat de 50 francs.

• *Au musée Fabre*

19 décembre : Discorde

20 décembre : Lettres à Theo et à Schuffenecker, puis réconciliation et projet Montpellier.

21 décembre : Aller et retour à Montpellier

22 décembre : Lettres de Gauguin 192 à Theo, 193 à Schuffenecker et de Vincent à Theo 726, lettre de Theo à Vincent annonçant son futur mariage et envoyant 100 francs.

23 décembre : Réponse de Vincent à Theo 724 accusant réception des 100 francs (et du mandat duquel il n'avait pas remercié).

Quelques questions subséquentes

• *La période sans lettres de Vincent*

Du fait des circonstances particulières liées à la présence de Gauguin en Arles, on ne doit pas se montrer surpris de l'absence de lettre de Vincent entre les premiers jours de décembre et le 22.

La lettre 723 a été datée du premier du mois dans la *Correspondance* au nom du «*system of allowance payments*» (assez commode pour servir de repère global, mais toujours lu de manière trop rigide, les versements ne sont pas nos modernes virements bancaires à date fixe, la poésie et l'anarchie existent encore alors). Elle est nécessairement plus tardive. Theo peut avoir payé le premier versement après cette date, à laquelle il faut ajouter un jour pour l'acheminement de courrier et encore quelques jours, puisque Vincent écrit dans sa réponse «*il est de mon côté aussi plus que temps que je t'écrive une fois à tête reposée. Merci d'abord de ta bonne lettre ainsi que du billet de 100 fr. qu'elle contenait.*»[723]

Le *plus que temps* et l'imparfait de «*contenait*» rendent une date aux alentours du 6 décembre plus probable. Sachant que Theo a reçu une lettre de Gauguin 187 vers le 11, la période au cours de laquelle Theo aurait été sans nouvelles se réduit. La présence de Gauguin, qui garantit que Theo ne sera pas inquiet, les discussions, la haute charge de travail, modèrent l'urgence d'envoyer des nouvelles (et éventuellement de remercier de l'argent sur l'heure).

• L'affaire Gauguin

La question de la façon dont Gauguin et Vincent considèrent la manne de Theo (pour eux vitale, pour lui presque anecdotique) mérite un intérêt particulier. On ne saurait regarder «l'argent» comme étranger à leurs rapports. Un exemple suffira. Quand Vincent qui sait fort bien que Gauguin est arrivé le 23 octobre écrit à son frère qu'il est arrivé « le 20 » il ne s'est évidemment pas « trompé », comme un commentaire trop bienveillant de la *Correspondance* le suggère. Vincent a évidemment choisi cette date pour que Theo considère qu'il devait à Gauguin un tiers de mois au titre du «contrat» de 5 francs par jour contre une toile mensuelle.

Le fossé se mesure dès que l'on évoque les montants versés peu auparavant par Theo à Gauguin et le prix de 600 francs pour une toile vendue. Qui rapproche les sommes se dit que le contrat peut être perçu par celui qui n'avait que le choix de l'accepter, tant sa situation financière était détériorée, comme un contrat d'exploitation.

Et justement Vincent l'évoque après coup : «*Ne doit-il pas lui, ou au moins ne devrait-il pas un peu commencer à voir que nous n'étions pas ses exploiteurs mais qu'au contraire on y tenait de lui sauvegarder l'existence, la possibilité de travail et........ et... l'honnêteté.*»[736] Il l'a manifestement fait sentir en lui disant comment il voyait les choses à son hôte qui consigne sur un carnet «Sauver votre honneur tabl[eaux].» L'honneur de Gauguin serait ainsi mis en cause par son côté « calculateur » perçu par Vincent, tout sauf dupe, avant même l'arrivée de l'ami : «*Instinctivement je sens que Gauguin est un calculateur qui se voyant en bas de l'échelle sociale veut reconquérir une position par des moyens qui seront certes honnêtes mais qui seront très politiques. Gauguin sait peu que je suis à même de tenir compte de tout cela.*»[682]

Cette appréciation ne fut pas démentie après avoir vu son hôte *de près*:

«Je lui ai vu faire à diverses reprises des choses que toi ou moi ne nous permettrions pas de faire, ayant des consciences autrement sentant – j'ai entendu deux ou trois choses qu'on disait de lui dans ce même genre – mais moi qui l'ai vu de très très près, je le crois entraîné par l'imagination, par de l'orgueil peut-être mais – – assez irresponsable.– Cette conclusion-là n'implique pas que je te recommande beaucoup de l'écouter en toute circonstance. Mais dans l'occasion du règlement de son compte je vois que tu a agi avec une conscience supérieure et alors je crois que nous n'avons rien à craindre d'être induits dans des erreurs de "banque de Paris" par lui. Mais lui.... ma foi qu'il fasse tout ce qu'il veuille, qu'il aye ses indépendances????? (de quelle façon considère-t-il son caractère indépendant), ses opinions... et qu'il aille son chemin, du moment qu'il lui semble qu'il le sache mieux que nous.»[736.]

On n'occultera pas pour autant que le contrat est pour les frères van Gogh, un «coup» qu'ils tentent : «*l'affaire Gauguin*» 640, 657, 691, qui de son côté y va pour être «lancé»[168] par Theo qui aurait «étudié le terrain en froid hollandais»,[172] mais il a pu paraître odieux à Vincent de voir les grandes idées dont son discours s'empanachait perdre de leur superbe.

Vincent n'a pas mal vu les moyens assez politiques de Gauguin : «en outre j'ai besoin de van Gog [Theo] et quand mon départ aura lieu celui-ci sera encore plus lié ; tandis que maintenant il pourrait se dédire»,[193] et nombre de ses travers personnels, mais reprendre de Gauguin une « incompatibilité d'humeur »[191] qui les aurait poussé à se séparer apparaît se satisfaire d'un singulier raccourci.

Questions essentielles

• L'annonce du mariage

Le replacement de 724 au 23 décembre a des conséquences sur l'appréciation des événements (toute interprétation est de fait soumise à la chronologie que l'on imagine) et c'est là tout le fondement de mon propos.

Surgit un problème de taille que Merlhès soulève («admettre que Vincent ne répondit pas le 23 décembre à la lettre de son frère») et qu'après Pickvance et Hulsker, les commentateurs de la dernière édition de la *Correspondance* écartent («Vincent a été empêché d'envoyer confirmation du troisième paiement [de décembre] du fait de son automutilation») : *Quid* de l'ignorance par Vincent de la perspective de mariage de Theo ?

Les critiques n'ont pas fait le pont entre les 100 francs reçus de Theo le 23 et le contenu de la lettre chargée de Theo qui annonçait son futur mariage, l'annonce est pourtant certaine. Vincent l'évoque dans sa lettre suivante «*J'ai lu et relu ta lettre concernant la rencontre avec les Bonger. C'est parfait. Pour moi je suis content de rester* [célibataire] *tel que je suis.* »[728] Vincent donne ici une opinion qu'il ne l'a pas donnée sur l'heure. Il était « évidemment » déjà averti lorsque Theo a abordé le sujet ou plus exactement lorsqu'il a tenté de le faire. Il a donné un vague un feu vert, a modéré l'enthousiasme de son frère, mais les deux frères n'ont pas vraiment ensemble évoqué la nouvelle situation quand Theo est descendu en Arles pour le 25 décembre.

Cela se déduit de ce que Theo écrit à Johanna le mardi 1er janvier 1889 :

> « Quand je lui ai parlé de toi, il savait évidemment de qui et de quoi il s'agissait et quand j'ai demandé s'il approuvait nos plans, il a dit oui, mais que le mariage ne devait pas être considéré comme le but principal de la vie »[24]

Un peu plus bas dans la lettre, après avoir rappelé que Vincent l'a pressé de se marier l'année précédente, Theo précise :

> « Je crois donc qu'en d'autres circonstances, sachant comment les choses sont entre nous, il nous approuverait sans réserve. »

La remise en cause de l'allocation allouée est si peu indépendante du projet de mariage que, dès qu'il juge son frère remis, Theo, qui s'est fiancé le 9 janvier et a désormais une petite idée des débours qui l'attendent, demande à Vincent de fournir un budget prévisionnel annuel. Vincent ne s'estime pas capable *« discuter ce que je dépenserais ou ne dépenserais pas pendant toute une année »*[736] mais s'engage à *« chercher une solution »*. Si le lien entre le futur mariage de Theo et la menace qu'il représente n'apparaît pas clairement, il faut relire la lettre du 28 janvier qui revient sur la question de l'allocation perçue, entre deux *« laissez-moi travailler »*.

> « Puisque nous avons toujours l'hiver, écoutez. Laissez moi tranquillement continuer mon travail, si c'est celui d'un fou ma foi tant pis. Je n'y peux rien alors.
>
> Les hallucinations intolérables ont cependant cessé actuellement, se réduisant à un simple cauchemar à force de prendre du bromure de potassium je crois.
>
> Traiter dans les détails cette question d'argent m'est encore impossible, cependant toutefois je désire justement la traiter jusqu'en détail et je travaille d'arrache-pied du matin au soir pour te prouver (à moins que mon travail soit encore une hallucination), pour te prouver que bien vrai nous sommes dans la trace Monticelli ici et, ce qui plus est, que nous avons une

24. Lettre de Theo à Johanna du 1er janvier 1889, b2022. Jansen & Robert, *Brief happiness*, Wanders, 1999, p. 76.

lumière sur notre chemin et une lampe devant nos pieds dans le puissant travail de Brias [Bruas] de Montpellier qui a tant fait pour créer une école dans le midi. Seulement ne t'épate pas absolument trop si pendant le mois prochain je serais obligé de te demander le mois en plein et l'extra relatif même compris. – Ce n'est en somme que de juste si dans des temps de production où je laisse toute ma chaleur vitale j'insisterais sur ce qu'il faut pour quelques précautions à prendre. La différence de dépense n'est certes, même pas dans des cas comme ça, de ma part excessive. Et encore une fois, ou bien enfermez-moi tout droit dans un cabanon de fou, je ne m'y oppose pas en cas que je me trompe, ou bien laissez moi travailler de toutes mes forces tout en prenant les précautions que je mentionne.»[743]

L'absence de toute en référence au projet de mariage dans la réponse du 23 décembre ou la préférence pour une périphrase pour l'évoquer : «*la rencontre avec les Bonger*»,[728] dans celle du 2 janvier laissent la place aux interprétations qui devront, au moins, respecter les faits, ce qu'aucun commentaire n'a jamais fait jusqu'ici.

• Le départ de Gauguin

Quid également de l'explication généralement donnée du drame de l'automutilation, par l'annonce du départ de Gauguin, puisque nous savons que Gauguin avait préparé à l'idée de son départ un Vincent qui en envisageait tranquillement (du moins l'écrit-il) l'éventualité le matin même de l'auto-mutilation ? Bien sûr, l'annonce d'une séparation en suspens n'est pas la séparation elle-même et il ne fait pas de doute que le départ qu'annonce Gauguin au soir du 23 décembre 1890 contribue à rendre la situation périlleuse, mais, en elle-même, elle ne menace pas l'avenir de Vincent. Ce qui déclenche le pulsion suicidaire qui va conduire à l'automutilation est la menace entrevue par Vincent de perdre l'allocation versée par Theo. Il n'y a pas lieu de s'en montrer surpris. La condition même mise par Vincent au moment où se passe le contrat qui va le lier à son frère est de ne pas top s'attarder en ce monde, s'il avait le sentiment de devenir un boulet, il l'a écrit exactement en ces termes. Cela ne dispense pas d'examiner la séquence d'autant plus embrouillée que témoignant d'une mesquinerie révisionniste consommée la façon dont Gauguin a raconté la soirée est tout à fait irrecevable.

Nous savons que Gauguin a raconté, à Emile Bernard, à son retour à Paris, que Vincent a déchiré un morceau de journal sur laquelle était inscrit *Le meurtrier a pris la fuite.* On s'accorde généralement pour dire que cette coupure était celle de l'*Intransigeant* du 23 décembre et cela semble hautement probable.

Paris coupe-gorge. — Un garçon de dix-neuf ans, Albert Kalis, rentrait chez lui, la nuit dernière, rue Vandezanne, lorsqu'il fut assailli tout à coup par un individu qui le frappa au flanc gauche d'un violent coup de couteau.

La victime de cette agression a dû être transportée à l'hôpital de Bicêtre dans un état désespéré.

Le meurtrier a pris la fuite.

Il faut cependant noter que l'*Intransigeant* ne s'embarrasse pas de respecter la réalité. L'agression dont a été victime Albert Kalis, drame mis à profit pour vendre du papier et à agiter les peurs, n'a pas eu lieu le 22 décembre, *Le Figaro* du 18 la signalait déjà.

LE FIGARO — MARDI 18 DÉCEMBRE 1888

Un garçon de dix-neuf ans, Albert Kalis, rentrait chez lui, la nuit dernière, rue Vandrezanne, lorsque, sans aucune provocation de sa part, un individu qui lui est absolument inconnu se rua sur lui et le frappa au flanc gauche d'un coup de couteau.

La victime de cette étrange agression a dû être transportée, dans un état qui laisse peu d'espoir de la sauver, à l'hôpital de Bicêtre.

Le meurtrier a pris la fuite.

Nous ne savons pas non plus si le lambeau déchiré par Vincent laissait voir tout l'entrefilet, mais nul doute que s'il s'agissait de l'*Intransigeant* et que Gauguin a lu «Paris coupe-gorge», son fantasme post-traumatique s'imaginant avoir été lui-même la cible d'une agression au rasoir, s'explique largement, les Tartarins désorientés, intellectuellement mal armés, s'engouffrent toujours dans ce genre de choses. C'est même à ça qu'on les reconnaît.

• Pas de lettre

Le commentaire que «*j'ai lu et relu ta lettre concernant la rencontre avec les Bonger.*[728] inspire aux commentateurs de la nouvelle édition de la *Correspondance* «on ne sait quand Theo a écrit à propos de ses fiançailles».[25] Soit, mais il suffit de lire les lettres que Theo à Johanna… auxquelles cette note renvoie, pour savoir qu'il n'a pas pu écrire après l'internement. La chose est bien connue les gens qui s'appliquent à classifier ne cherchent que par grande exception à comprendre tout ce qui ne s'intéresse pas strictement leur sujet. Il est donc bien inutile de leur conseiller de lire une correspondance qu'ils n'ont que rangée pour gagner la certitude que Theo tient Vincent pour perduet est supendu aux nouvelles qui toutes parlent d'un futur internement d'office.

Par chance, nous disposons des moyens de montrer, en dehors de toute autre considération, que Vincent n'a pas reçu de lettre de son frère. Le 31 décembre, le pasteur Salles, que Theo avait contacté lors de sa visite en Arles, transmet une plainte : «Il m'a parlé de vous et m'a dit combien il était étonné que vous ne lui eussiez pas écrit depuis votre départ.» Il vient de voir Vincent, «tout à l'heure», on ne saurait donc confondre avec sa visite du 30, évoquée par le docteur Rey. On pourrait donc imaginer que Theo se ressaisit à réception de la lettre de Salles, première lettre non catastrophique (après celles de Roulin du 26 et du 28 et de Rey du 28 et du 30) et écrit le 1er janvier. Cela pourrait donc provoquer une lettre reçue le 2, mais il faudrait, impérativement pour cela que le 1er janvier au soir au plus tard Theo ait reçue la lettre de Salles. Theo ne l'a pas reçue. Dans la lettre à Johanna dans laquelle il dit que l'espoir d'un rétablissement a *disparu* et qu'il en est à l'après Vincent – «Nous honorerons sa

---

25. 728, note 2 : "After a long period of silence, Theo was again in touch with Andries Bonger and his sister Jo, who had refused his proposal of marriage in 1887 (see letter 572, n. 1). The renewed acquaintance led to Theo and Jo's engagement. On 21 December 1888 Theo told his mother of their plans and asked for her consent (FR b917). The engagement party took place on 9 January in Amsterdam (see letter 731), and the marriage was solemnized there on 18 April 1889 (see letter 759). At that time Theo was staying with his cousin Jan Stricker (FR b2891). It is not known when Theo wrote to Vincent about his engagement; Theo had in fact broached the subject during his visit. See Brief happiness 1999, pp. 24-27, 76-77.

mémoire, n'est-ce pas ma chérie ? », nous lisons : « Les dernières nouvelles que j'ai reçues sont celles du jeune médecin de l'hôpital, disant qu'ils attendaient l'autorisation de le transférer à Aix tous les jours, car il montre maintenant tous les symptômes de démence ». La lettre date bien du 31 au soir : « Il est plus tard que je pensais & j'ai peur de ne pas avoir le temps d'écrire à ton père aujourd'hui.» Theo ne pourrait écrire au plus tôt que le lendemain, mais cela ne permettrait pas que Vincent la reçoive le jour même et l'évoque dans la lettre qu'il écrit dans le cabinet de Rey le 2 janvier.

• La séquence

Vincent n'a pas félicité son frère sur l'heure et l'on peut entrevoir à la lumière des faits et des valeurs de l'époque, ce qu'il redoute pour lui après avoir lu les conditions des retrouvailles «par hasard» que Theo n'a pu manquer de lui décrire, comme il l'a fait pour sa mère. Cela est évidemment en marge du renoncement aux grands idéaux et des commentaires bravaches pour en adoucir la peine et feindre de se satisfaire de la médiocrité honnie :

> «Maintenant que tu es marié nous n'avons plus à vivre pour de grandes idées mais crois le, pour des petites seulement. Et je trouve cela un fameux soulagement dont je ne me plains aucunément.»[768]

Vincent est parfaitement averti des conditions dans lesquelles Johanna avait repoussé Theo seize mois plus tôt et n'est pas assez naïf pour ne pas entrevoir une probable intrigue visant le beau parti qu'est son cadet. Averti de la faiblesse de caractère de son frère, qu'il n'a cessé de fustiger, il peut craindre qu'il soit circonvenu. C'est dans ce contexte que tout soudain se détériore.

Les propos de Gauguin, rapportés par Emile Bernard qui l'interroge à son retour, permettent d'être plus précis sur le déclenchement de l'orage. Pour Gauguin, Vincent est devenu «tellement bizarre». De retour à Paris le 25 décembre au matin, il évoque l'incident, «quatre jours» plus tard, Bernard consigne :

> «La veille de mon départ (car il devait quitter Arles) Vincent a couru après moi (il sortait c'était la nuit) je me suis retourné car depuis quelques* temps il devenait très drôle, moi je m'en défiais. Alors il m'a dit «Vous êtes taciturne, mais moi je le serai aussi. Depuis que je devais quitter Arles il était tellement bizarre que je ne vivais plus. Il m'avait même dit: «vous allez partir comme j'avais dit oui, il a arraché d'un journal cette phrase et me l'a mise dans la main : «le meurtrier a pris la fuite».

Ce qu'écrit Bernard dans sa lettre à Gabriel Albert Aurier n'est pas l'exact *verbatim* de Gauguin, mais le contenu permet de dégager la chronologie des faits suivant à partir du 23 et de l'éclairer de quelques informations connexes.

1. Vincent demande à Gauguin, qui y songe depuis au moins une quinzaine, s'il a finalement décidé de partir.

2. Gauguin répond par l'affirmative.

3. Vincent arrache du *Figaro* du 18 décembre ou, plus probablement, de l'*Intransigeant* du 23, au moins la dernière phrase d'un entrefilet relatant l'agression dont a été victime Albert Kalis. Les mots remis : « Le meurtrier a pris la fuite » sonnent comme un chantage de délaissé, rendant par avance responsable Gauguin des funestes conséquences de sa décision.

4. Gauguin s'éloigne dans la nuit. Vincent le rejoint dans la rue et réitère son chantage affectif en lui disant qu'il sera lui aussi taciturne, dans une formule lourde de sous-entendus.

5. Gauguin qui a pris peur décide de précipiter son départ, de ne pas passer une dernière nuit à la maison jaune et il se réfugie à l'hôtel.

6. Tout à fait égaré, Vincent bascule dans un épisode psychotique qui le conduit à s'en prendre à lui-même. Sa seule oreille en fait les frais. Il évoquera plus tard sa lâcheté devant le suicide en le liant directement à la perte de l'amitié de Theo – très précisément ce qu'il entrevoit derrière l'inévitable prééminence du statut d'épousé, bientôt chef d'une autre famille : « *Si j'étais sans ton amitié on me renverrait sans remords au suicide et quelque lâche que je sois, je finirais par y aller.* »[765]

7. Le lendemain matin, lorsqu'il retourne à la maison jaune, devant laquelle s'est attroupé « tout Arles », Gauguin est interpellé par le commissaire de police déjà sur place. Le commissaire le suspecte d'avoir blessé son camarade, avant de l'interroger et de le mettre rapidement hors de cause. On peut tenir pour acquis que Vincent avait alors déjà été pris à l'hôpital. Gauguin a bien dit dans ses racontars qu'il avait lui-même pris la direction des affaires, qu'il s'était approché du lit, qu'il avait constaté que Vincent vivait, qu'il avait ordonné au commissaire de le réveiller et de le conduire à l'hôpital, mais tout cela n'est que mémoire reconstruite à la gloire du conteur espérant ainsi faire bonne figure. Il n'est évidemment pas concevable que la police, avertie avant minuit, ait négligé de s'inquiéter de savoir si Vincent était mort ou toujours vif.

8. Libéré, Gauguin avertit Theo en lui adressant un télégramme.

La suite est connue. Averti, Theo prend le train de nuit pour Arles le 24, y passe la journée, s'efforce de régler tout ce qui peut l'être pour adoucir le sort du grand frère égaré dont on ne sait s'il se remettra, avant de reprendre le train pour Paris le « mardi soir », le 25, avec Gauguin et d'écrire à Johanna qu'il n'y a, « pour l'heure, rien à faire pour soulager son angoisse », que d'attendre.

www.ingramcontent.com/pod-product-compliance
Lightning Source LLC
Chambersburg PA
CBHW021413170526
45164CB00002B/635